マッキンゼーが教えてくれた

# コンサルティングを「見える化」する技術

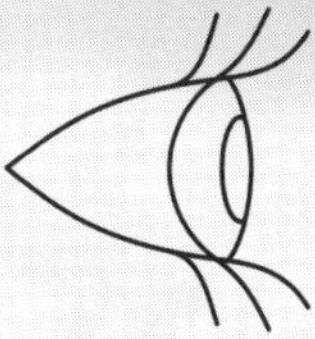

白井久子［著］
Shirai Hisako

同友館

# はじめに

この本では、経営者の皆様、リーダーの皆様、コンサルタントや士業の皆様が「人へ効果的に伝える」「人への影響力を高める」「人の可能性を高める」事ができるようになるためのスキルをお伝えします。実践に基づき、確立された使えるスキルだからこそ、多くの方にも知って欲しいと思ったのです。

私は、マッキンゼーのトップコンサルタントと共にプロジェクトの中で協働し、組織変革コンサルティングでトライアンドエラーを繰り返して、多くのことを学びました。

その経験を通して培ってきたスキルを、この本ではお伝えしたいと思います。コンテンツだけでも180バージョンとなる程に改良を重ね、生まれたスキル。もちろん、このスキルを基にコンサルテーションしていますので、クライアントの組織変革において、素晴らしい結果に繋がっています。

クライアントの皆様からは、「社員が意欲的に仕事をするようになった」「熱意を保ち続けてマネジメントできるようになった」「会社に一体感が出てきた」「仕事が楽しくなった」「毎日、仕事したいと朝起きるようになった」など、非常に嬉しい声をいただいています。昨対比の売上は7・4倍にもなるという圧倒的な結果も出しているスキルです。クライアントの意識、行動、そして結果を劇的に変えているのです。

ただし、「すぐに人を変える事ができる」「すぐに会社を変える事ができる」「すぐにクライアントを変える事ができる」というスキルではありません。

スキルだけでは、相手を変える事はできません。あなたのマインドと合わせて行動も変わるから、周りの人たちが影響されていくのです。この本で説明しているスキルは、マインドが定着してこそ生きてくるスキルということを忘れないでください。

それではこれから、私が培ったスキルのすべてをお伝えしていきたいと思います。

# 目次

## 第3章 相手に最短で伝わる方法を徹底して探る

## 第5章　相手から信頼されるファシリテーション力

## 第6章　見える化するスキルを使った先にあるもの

# 第1章

# 真に必要とされる人材になるために必要な3つのこと

## 『何も気づいていなかった』

私がコンサルタントと名乗るようになったのは10年前のことです。その当時は、コンサルタント業は専門知識を通して相談業務や助言を行う職業だと思っていました。私は実際に、そのようにしていました。その事に何の疑問も持たずに、日々仕事をしていたわけなのです。コンサルタントの業務そのものは、間違いではありませんでしたから。

しかし当時は、仕事で必要とされている実感が持てず、何かが足りなかったのです。その何かが当時は分かりませんでしたが、長年のコンサルタントの経験を通して、仕事上で本当に必要とされる人材に共通することに気づきました。

自身がやっている仕事を周囲から評価され、更に必要とされる人材になりたいと願っている人や、自社の社員からついていきたいと思われるリーダーになろうと努力している人、そもそも必要とされるコンサルタントとは何かという答えが見つからない人は、是非この本を最後まで読んで下さい。そして、これからあなたが身に付けるべき事は何かということに気づいていただけると嬉しいです。

起業当時の私は細々とコンサルティング会社を経営しているだけで、世の中から本当に必要とされているのか分からない状況でした。クライアントからのリピートも紹介も少ない状況が続いて、この仕事の本当の面白さにさえ気づいていなかったのです。だからこそ、あなたにはこの本を読んでいただいて、いち早くコンサルタントの「本当の面白さ」を知ってほしいのです。

## トップコンサルタントと出会う

私に転機が訪れたのは、今から6年前。知人からプロジェクトの話があり、マッキンゼー・アンド・カンパニー（以下、マッキンゼー）の方々と面接をしました。その方々は、プロジェクトを率いるマッキンゼーのトップコンサルタントでした（マッキンゼーでは、年収5000万円以上のコンサルタントをパートナーと呼びますが、この本ではわかりやすくトップコンサルタントと呼ぶことにします）。

面接では、たくさんのことを聞かれました。「これまでの仕事で1番継続した成功事例を教えてください」「この仕事は多くのフィードバックがありますが耐えられますか」「部下を育てる時にポイントとしているのは何ですか」「今までチームで仕事をしている中で、メンバーと良好な関係性を築くために意識したことは何ですか」「チームメンバーの1人を叱らないといけない時に、あなたはどうしますか」などの質問でした。

私は、コンサルタントとして頑張ってきた仕事の内容を話しました。チームに関する質問は、小さな会社の経営者として部下を育成してきた経験や企業で人事をしてきた経験について聞かれました。つまり、トップコンサルタントの彼らが、面接で確認したかった事は、コンサルタントとしての『探求心』と『継続力』があるかという事。そして、人を理解し関係性を築けるかという事だったのです。

## トップコンサルタントから専門知識を学ぶ

いよいよプロジェクトに参画した私は、マッキンゼーのトップコンサルタントの方々から研修を受ける事になりました。私が参画したのは金融機関の組織変革のプロジェクトだったため、それに関する専門知識の研修を受けました。それと同時に、自分で情報を調べ、その情報について考え、時にはクライアント先に訪問して、状況を目で見て、耳で確認しながら専門知識を深めていきました。

それ以前の私は、「常に専門知識を深めるのがコンサルタントだ」と思っていたため、専門知識を深めるための努力はしていました。しかし、トップコンサルタントから教わったことは、これだけではなかったのです。それまでの私が知らなかった必要な事を研修で教えてもらったのです。

研修の目的は、「コンサルタントに求められる知識・スキル・マインド」を習得する事でした。5つの専門知識、3つのスキル、3つのマインドの合計11です。これらをとことん叩き込まれ、自宅に帰っても時間が惜しく、限りなく復習し、睡眠中も夢で研修の内容が続くほどに強烈な研修でした。研修の内容からもわかるように、コンサルタントには、専門知識だけではなく、圧倒的なスキルとマインドも必要なのです。

まず、5つの専門知識について説明すると、簡単に言えば「クライアントの理解」です。そのために次の5つの視点で理解・把握していきます。

**①これからの戦略内容の理解**
**②これからの戦術内容と進め方の理解**
**③クライアントに適応するコンサルティングの理解**
**④これまでの成功事例・失敗事例の把握**
**⑤これまでの組織風土の理解**

私が学んだのは、金融機関での5つの専門知識です。

業界・会社単位で、それぞれ違いがあるため、この本で専門知識の内容をお伝えしても、違う業界・会社になると応用できる事は少ないと考えられるため、詳細については割愛します。

ですが、コンサルティングをする際には、この5つの視点で専門知識を深める事は同じですので参考にしていただきたいです。

## トップコンサルタントからマインドを学ぶ

研修で学んだ3つのマインドは、①貢献する意識、②フィードバックを受け入れる意識、③スキルを継続的に改善しようとする意識、です。

この3つは、以前の私も意識はしていた事だったのです。もしかすると、あなたもこの3つのマインドなら持っていると思われたのではないでしょうか。もし、持っていないと思われたあなたでも大丈夫です。

なぜなら、この本でご紹介することは、できる限り実行に繋げてもらえれば、身に付けられるような内容にしています。あなたができる事に気づき⇩実行⇩新たな気づき⇩実行を繰り返すことで深く意識付けされていきます。このマインドもコンサルタントだけではなく、士業、リーダーなどあらゆる仕事において大切な事です。

さあ、気になるのは残り3つのスキルですね。この3つのスキルも以前の私には無かったものだとトップコンサルタントから教えてもらいました。

## トップコンサルタントからスキルを学ぶ

研修で学んだスキルは、

①相手に最短で伝わる方法を徹底して探る
②インパクトを持って関係者を巻き込む
③相手から信頼されるファシリテーションをする

です。研修最初に1枚の紙でこのスキルを説明していただきました。説明を受けた時には「まあできるだろう」と高をくくっていました。簡単に言えば、コミュニケーション力、影響力、ファシリテーション力なのですから、自分にも有ると思っていたのです。

士業やリーダーや、マネージャーもコミュニケーション力、影響力、ファシリテーション力が必要だと、よく聞きませんか？　そして、「それなら持っている」と思う方もいらっしゃるかもしれません。ただ、普通の人が持つそれとは似て非なるものです。マッキンゼーのトップコンサルタントの方々に圧倒的に有って、私に圧倒的に無いのはこの3つだったという事実を、研修を受けていくうちに嫌というほど理解する事になりました。

## 多くのコンサルタントは3つのスキルが足りていない

簡単なスキルのようですが、意外とコンサルタントの方々で身に付けている人がいないのが現状と感じます。実際に、私は他のプロジェクトとの合同勉強会に年に何度か参加して、複数の会社の100名を超えるコンサルタントのショートセミナーを拝見しますが、全員専門知識はあるものの、8割の人が3つのスキルのどれかが欠けているように思えます。勉強の一環で、まだ知名度が低いコンサルタントのセミナーに時々参加させていただくのですが、ほぼ10割この3つのスキルが無いのです。豊富な専門知識やノウハウはあるのに本当にもったいないと感じます。士業の方々や組織のリーダーの方の中にも、同じく3つのスキルが足りていない方をよくお見かけします。このスキルがあると、もっと人を引っ張っていけるのに…と思うのです。

## 今後も3つのスキルが必要な理由

AIやIoTが加速している時代です。今後は、ますます専門知識はAIからすぐに回答が得られるようになりますし、人間よりも正確性が高く信頼も高まるでしょう。つまり、専門知識は

ＡＩで事足りるようになるわけです。そうなると、今までの専門知識だけのコンサルタントは淘汰されていくでしょう。専門知識だけでは残れない時代が、もうそこまで来ているのです。

これは、コンサルタントに限った話ではありません。専門知識が高い士業、知識や正解を教えるリーダーやマネージャーなどは、その知識を教えるだけでは求められる人材にはなれなくなるのです。

既にある答えを教えることには価値が無くなります。代わりに、これからは、

- 今までにないアイデアを引き出してくれる
- 新しい創造性を生み出してくれる
- 未来に期待を抱かせてくれる

以上のような信頼できる専門家やリーダーやコンサルタントが求められるようになります。つまり、コンサルタントだけではなく、士業やリーダーや、マネージャーにこそ、これからお伝えする3つのスキルが必要になるわけです。

## 3つのスキルがあると本当に依頼が絶えない人材になる

私が参画したマッキンゼーとの合同プロジェクトの仲間は、9名でした。彼らは、同じくマッキンゼーから3つのスキルの伝授を受けた仲間です。プロジェクトを終えた仲間達は、売れっ子コンサルタントとなって活躍しています。大手企業からの依頼が絶えないため、年間180日程登壇するなど全国を毎日飛び回っているのです。また、コンサルタントを辞めて違う仕事をしている仲間も、人を引っ張っていくスキルで様々な依頼をもらい活躍しています。

そして、彼らに何故依頼が絶えないのか理由を聞いてみると、決まって「あのプロジェクトで得たコミュニケーション力、影響力、ファシリテーション力をクライアント企業が求めてくれている」と断言しています。

さあ、コンサルタント・士業・リーダーのあなたも必要な3つのスキルを一緒に習得していきましょう。3つのスキルを身に付けたあなたを必要とする多くのお客様が待っています。それだけではなく、一緒に仕事をしたいと思う仲間も待っていますよ。

# 第2章

# なぜ必要とされない人材のままなのか

## 正解を教えている

人は、情報や正解を知っていると「知らない人に教えたい」という欲求がわく事があります。これまで様々なクライアント組織の人たちに関わらせてもらう中で、自分が知っている情報や正解を教えたい、と考えている人がどんなに多いかを実感しました。

もちろん、新入社員研修などで基礎的な情報や正解を教える事は必要です。なぜなら、基礎的知識が無いと、そこから応用して発展・成長する事ができないからです。それ以外にも、上司が正解を教えて部下がそれに従うなど、ビジネス上では、知っている人が知らない人に正解を教えるのは普通にある事です。

更に、日本文化や日本が誇る技術力も「次の世代に教える」という事が継承されてきたからこそ存在しているのです。教える事は必要不可欠です。

ただ、人の創造力・想像力・思考力を高める際に情報や正解を「教える」には、前提があるのです。それは、教える相手が「教えてもらいたい」と探求心を持っている事です。相手が「教えてもらいたい」と思っている段階で、すでに自発的思考が動き出しているからです。その段階で教えてもらえると、更なる自発的思考を促します。その相手の創造力・想像力・思考力が自発的に成長していくためには「引き出す」と「伝える」と「教える」を使い分けて活用していくのです。創造力・想像力・思考力を高めるために相手の自発性を引き出し、相手が気づいていない視点でヒントを伝えることが大切です。また、相手の思考を引き出すために、質問などで問いかけることも大切になります。そして、相手の思考が整理できる土台となる論理的思考などの基礎的な考え方は教えるという使い分けが大切なのです。情報や正解を知っている人が「私が知っているから答えを教えたい」という欲求のまま正解を教えるだけでは、相手の創造力・想像力・思考力の成長に繋がるどころか、ありがた迷惑になる場合さえあるのです。

以前、こんな事を聞きました。コンサルタントがクライアントに「会社の課題を改善するには、これが正解です」と常に正解を伝えて、はじめはクライアントもそのアドバイス通りに改善していたようです。しかし、何ヶ月もコンサルタントのアドバイスを聞いて改善を繰り返すうちにクライアントは疲労困憊し、「もううんざりだ」と契約を解約したらしいのです。このコンサルタントは、クライアントの変化を期待するがゆえに「教える」事を繰り返していたのだと思いますが、クライアントの思考や感情が変化している状況を把握して、教える事を適切に使い分けできていなかったのです。正解が欲しいという需要が無くなっているのに、「正解を教える」という供給が過多になってしまうと、当たり前ですが必要とされなくなります。相手の状況を把握せずに、一方的に教えるばかりでは必要とされる人材にはなれません。

以前までは、人材育成として知識や情報を個人に一方的に教えて企業が望む人材に育成するのが主流でした。業務に即対応できる人材や、企業の秩序に従う人材は育成できます。しかし、まだ開発できていない創造力・想像力などの能力を引き出したり、伸ばすのは難しいのが現状です。だからこそ、集団の中の相互作用で自発的に能力を成長させる組織開発も、必要なのです。その中では、「引き出す」「伝える」「教える」が有効に活用されています。今後も組織の中で、リーダーや部下などお互いに考えを引き出し合い、共に積み上げていくことが求められるのです。

## 自分の知識を深めようと常に知識習得をしている

自分の仕事の知識を深めるために、常に学びの姿勢でいる事は、仕事上では当たり前の事ですよね。私も、以前までは当たり前の事だと思っていました。もちろん、その姿勢自体は今も素晴らしいと思っています。

しかし、一度、世の中の激動を見てほしいのです。GAFAや海外の技術的な飛躍に対して、日本企業は波に乗りきれておらず、GDPも伸びていません。

人に感覚的に面白い・更に使いたいと思わせるような、新しい価値創造ができていないのです。新しい価値創造ができにくい原因としては、思考力の他に創造力・想像力を高める事や、幅広い視野や情報を収集し、それらを基に考え抜く人材が育つ土壌ができていないからだ、と思われます。

知識を深めると専門的な見地や、複雑な仕組みなどに強くなることはできます。ですが、視野や情報が狭くなりやすく、シンプルに人が欲しいと思える価値創造に目が向きにくいのです。

そして、情報過多の時代となり、考えなくてもすぐに正解が見つけられるようになりました。1つの知識が生まれると瞬く間に広がっていき、新たな知識に塗り替えられる事もある時代なのです。知識を狭い範囲で深めても、時間とともに必要でなくなる可能性がでてきます。

例えば、1つの資格が生まれるとはじめは少数人だけが持っている希少価値が高い資格ですが、だんだんと世に広まり資格者が飽和状態になってしまいます。そして、資格取得に必要であった知識はいつしか昔の知識になり、世の中からも必要ではなくなってしまうかもしれません。

知識を陳腐化させないように、様々な分野や業界の情報に貪欲に収集するよう視野を広めれば、様々な視点から仕事へのヒントが見つけられるようになります。広い情報の中で今まで全く関係のないもの同士だと思っていた情報に繋がりを発見すると、考える事の面白さを感じるようになったりもします。それらの経験をもとに、創造力・想像力・思考力が醸成されていくのです。

一言でまとめると、広い知識と広い視野で、人々が必要とする新しい価値創造ができる人材が、今の時代では希少価値も高く必要とされていくのです。

# クライアントの要望に沿った改善案を考えている

ビジネスでは、クライアントの要望に沿った改善案を考える事は当たり前だと感じますよね。私も以前は、要望どおりの改善案を考えていました。

しかし、クライアントとの初対面の際に要望をお聞きすると分かるのですが、要望として出てきた内容の根底にあるのは、クライアントにとってほとんど負担がなく、かつ、表面的・物理的問題に対してコンサルタントが動いて何とかしてほしいという、いわゆる『クライアント側に都合の良い願望』です。

あくまで、相手に応じるのがビジネスと考えるのであれば、そのとおりにお答えするのが良いのでしょう。顕在的にクライアントが分かっている表面的・物理的な問題解決を提供すればいいわけです。

しかし、それだけでは、次のリピートに繋がったり、他のクライアントの紹介に繋げてもらうことなどは、あまり期待できないかもしれません。なぜなら、表面的・物理的な問題解決だけであれば、他社でも同じように要望どおりに応えられる事が多いので、次に依頼するのは他社でも構わないのです。

次に繋げられる仕事をするには、クライアントが想像する以上の体験や発見をしてもらう『何か』を提供することが重要になります。なぜなら、人は「言った事をそのままやってもらう」よりも「想像を超えた体験や、自分の成長や人の成長が期待できるもの」を選びたいと思うのです。これは、ファンを作るために押さえておくべき人の本質的心理です。そのため、要望をお聞きしても、そのとおりの仕事をするのではなく、相手が想像もしていなかった成長体験を提供できるようにしていきたいものです。

では、それをどのように提供していくのかを、これからの章の中で説明していきますね。

# 第3章

# 相手に最短で伝わる方法を徹底して探る

ここからは、3つのスキルをどのように発揮するのかを、主に企業研修の例を通して進めていきます。

3つのスキルを集中的にフル活用するのは、研修運営であると考えています。研修の目的は、「知識を理解する」「実践に繋げる」「集団の相互作用で新しいものを作り出す」事です。この目的を達成するために、コンサルタントは、伝える工夫、実践に繋げる工夫、相互作用を促す工夫をしています。つまり、3つのスキルをフルに使っているのです。

また、研修を効果的に実施するために、クライアントの意思決定者（DMU：Decision Making Unit デシジョン・メーキング・ユニット）、トップや経営チーム（CFT：Cross Functional Team クロスファンクショナル・チーム）の力が必要となるため、DMU・CFTの巻き込み方も説明していきます。

この章では、主に研修運営で3つのスキルをどのように発揮していくのか、どのように身に付けていくのかをお伝えします。しかし、3つのスキルは研修だけではなく、様々な仕事の場面で使えるので、あなたご自身の仕事だと、どのように実践するかを意識しながら読んでいただければ幸いです。

## 最初はDMU・CFTと打ち合わせをする

コンサルタントは、まずはじめて関わるクライアント組織の価値観や情報を知らなければ、相手に伝わる方法を考える事はできません。そのため、クライアントとなる会社の考え・状況を知るために相手のコアとなる人たちに接触する事からはじめます。

これは、クライアント先で研修を実施する際にも同じ事が言えます。まずはクライアントのDMU・CFTに研修の趣旨を充分に理解してもらう事から始まります。

次に、クライアントの状況を知るために、何がクライアント会社で評価されるのかをDMU・CFTに確認していきます。つまり、クライアントが研修を実施する目的・目標を把握して、お互いに齟齬がないようにする必要があるわけです。

そのためには、クライアントのDMU・CFTとの充分な対話が必要となります。研修の趣旨を理解してもらうためには、大きく3つの事を確認します。

① 研修の目的
② 研修の内容
③ 成功の要はDMU・CFTのコミット

この①、②については、詳細なところまでは確認する必要はありません。また、クライアントに依頼されてからはじめての打ち合わせだと、研修の内容までは具体的に決まっていない事が大半ですので、この確認時点では仮内容で留めておきます。

ここでポイントとなるのは、DMU・CFTに対しては「説明をシンプルにする」事です。DMU・CFTは、常に結論を求める仕事の仕方をしています。詳細に説明しても「で、結論は何？」と言われる可能性が非常に高いのです。

説明・確認は、長くても1時間以内に終わらせます。最初は、説明・確認を短時間で行うことは難しいと思いますので、説明ツールを作りましょう。

ツールはPowerPoin®を使って、次の項目を1枚ごとに作ります。

① 研修で期待される効果
② あなたが考える研修思想
③ クライアント業界の課題
④ 目標と現状のGAP
⑤ GAPを無くすための研修内容
⑥ 研修の今までの実績結果
⑦ 研修へのDMU・CFTの関わり方

## 図１：DMUへの説明ツール

### ①研修で期待される効果

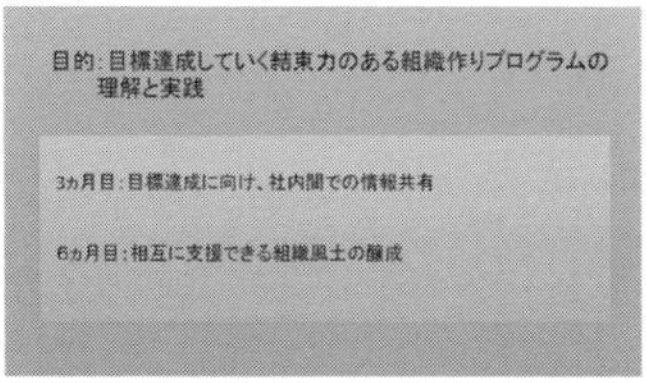
目的：目標達成していく結束力のある組織作りプログラムの理解と実践
3ヵ月目：目標達成に向け、社内間での情報共有
6ヵ月目：相互に支援できる組織風土の醸成

### ②研修思想

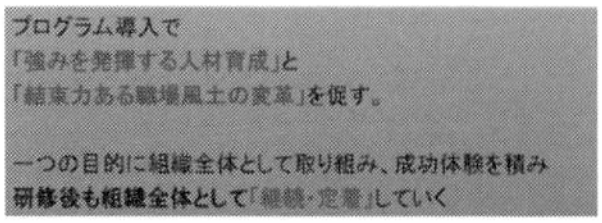
プログラム導入で
「強みを発揮する人材育成」と
「結束力ある職場風土の変革」を促す。
一つの目的に組織全体として取り組み、成功体験を積み
研修後も組織全体として「継続・定着」していく

### ③業界の課題

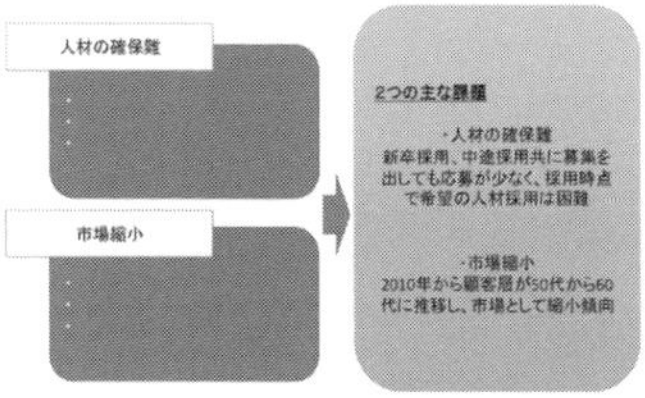
人材の確保難
市場縮小
2つの主な課題
・人材の確保難
新卒採用、中途採用共に募集を出しても応募が少なく、採用時点で希望の人材採用は困難
・市場縮小
2010年から顧客層が50代から60代に推移し、市場として縮小傾向

### ④目標と現状のGAP

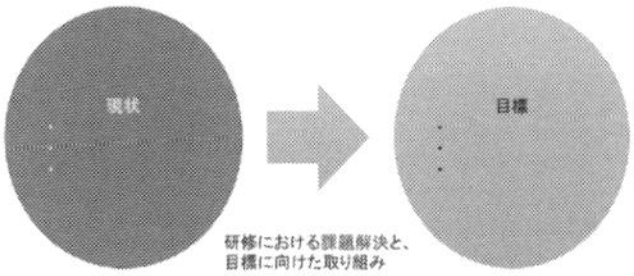
現状
目標
研修における課題解決と、目標に向けた取り組み

### ⑤GAPを払拭する研修内容

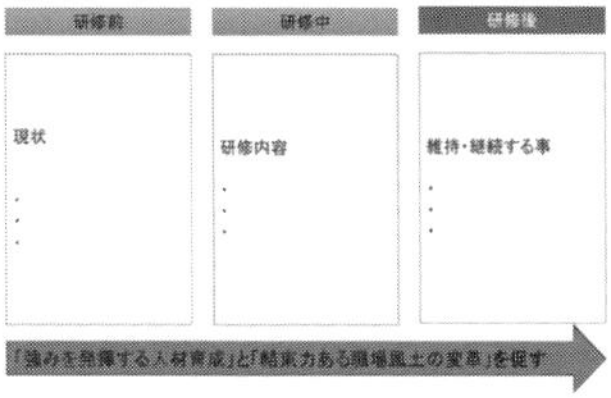
研修前
研修中
研修後
現状
研修内容
維持・継続する事
「強みを発揮する人材育成」と「結束力ある職場風土の変革」を促す

### ⑥研修の実績

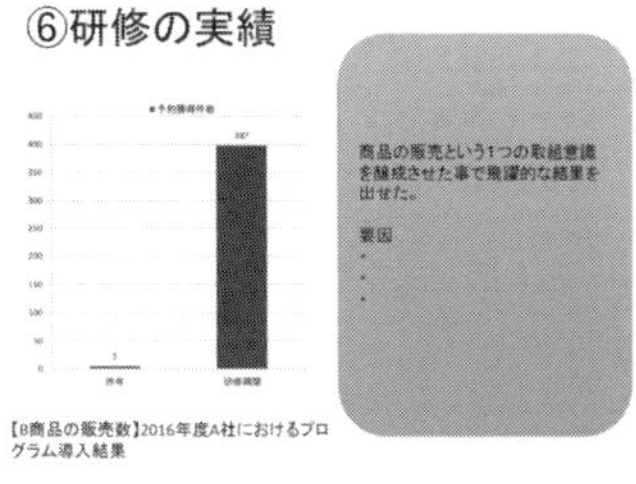
【B商品の販売数】2016年度A社におけるプログラム導入結果
商品の販売という1つの取組意識を醸成させた事で飛躍的な結果を出せた。
要因

### ⑦役員の皆様にお願いしたいこと

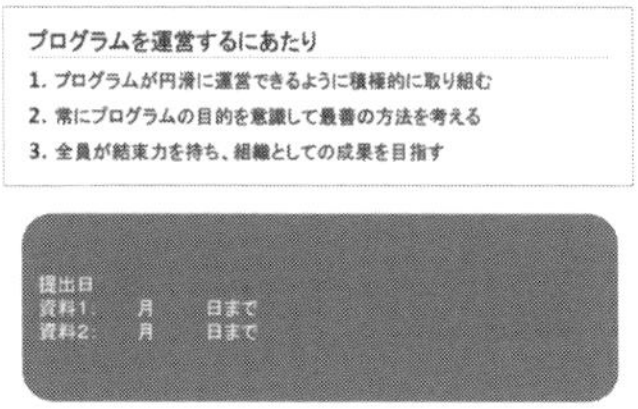
プログラムを運営するにあたり
1. プログラムが円滑に運営できるように積極的に取り組む
2. 常にプログラムの目的を意識して最善の方法を考える
3. 全員が結束力を持ち、組織としての成果を目指す
提出日
資料1： 月 日まで
資料2： 月 日まで

各項目を1枚ごとに作成しますが、1枚に使うメインメッセージの文字数は、60文字以内で、最も伝えたいメインメッセージを中心にシンプルに作るようにします。文字だけでなく、視覚的に瞬時に理解できる図やチャートを使用することもいいでしょう。

説明する際には、1枚ごとにメインメッセージを説明し、その後に口頭でサブメッセージや補足を伝えます。

このツールを使いながら説明すれば、視覚と聴覚で情報が得られるのでDMU・CFTは非常に理解しやすくなります。

また、研修へのDMU・CFTの関わり方は「成功の要は意思決定者である皆さんのコミットですよ」と、はっきりと伝えます。以前の私は、ここが伝えられませんでした。DMU・CFTに対して、「あなたの責任は大きいです。そして、ちゃんと責任をもって関わらないと失敗するかもしれません。コンサルタントに任せればいいのではなく、一緒に考えて、関わってください」と話しているようなものですから。

ここで、なぜDMU・CFTと関わる事が必要なのかについて少しだけ説明しておきます。私たちコンサルタントはクライアントを変化へ導く仕事です。クライアントの組織が変化していくためには、組織のDMU・CFTのコミットが必要不可欠です。コミットを得られないまま、コンサルティングや研修を実施してしまうと、実施途中で、DMU・CFTの思うような状況ではないと判断されてしまうケースがあります。そうなると、コンサルタントに対する不信感が生じ、知らせや相談もなく、コンサルティング計画の範疇では無かったことに走り出してしまうこともあります。そうなると、ＤＭＵ・ＣＦＴとコンサルタントとの間の信頼も無くなり、もうリピート依頼は難しいのです。

どのような仕事でも同じですが、大きな変化・変革をしていくためには、その組織のＤＭＵ・ＣＦＴに覚悟・コミットを持ってもらうための醸成過程も重要視するべきなのです。

コンサルタントは変化する事をサポートして導く仕事をしますが、最終的に「組織変化する」と決断しコントロールしていくのは組織のＤＭＵ・ＣＦＴだからです。

この過程を通してＤＭＵ・ＣＦＴとコンサルタントはこれから変革していく仲間としての関係性を強固にしていくため、コンサルティング中も連携して仕事がしやすく、成功する可能性が高まるのです。

さて、ＤＭＵ・ＣＦＴへ各項目の説明が終わった後は、次に何をするか確認します。研修を通した目的・目標はどのようなものなのかと確認していきます。可能な限り、目標の達成基準は何で判断していくのかを確認します。

想定されるケースとして多いのは、これまでのクライアントの経営状況に繋がるデータ資料を見ながら確認するケースでしょう。例えば、売上を上げたいのであれば売上に関する財務資料を見る、などです。

ですが、それらを鵜呑みにして、目標を決定してはいけません。ここでは、仮決定にしておいてください。なぜなら、DMU・CFTが思っている実情と、会社の実情では乖離があるケースが非常に多く、ここで決定してしまうと、実施してから無理が生じて一苦労するからです。

そのため、現場のインタビューを実施した後に、DMU・CFTと最終目標を擦り合わせるようにしましょう。

トップコンサルタントは、このDMU・CFTとの打ち合わせを非常に重要視して時間をかけています。はじめは、1時間程度の説明会、次に、2日間の合宿、その後は3回の打ち合わせを重ねるという、丁寧な過程を踏むようにしています。後程の章でも説明しますが、この丁寧な過程があるからこそ、DMU・CFTにコンサルタントと共に変化していく覚悟を持っていただけるのです。また、DMU・CFTと一緒に頑張ればギリギリ達成できるくらいの目標が見極められて、成長発展できるところまで持っていけるわけです。

この過程ではコンサルタントは「貢献する意識」を強く持ちながら対話していきます。

## インタビューする人を決める

DMU・CFTの認識とは別に、実際のところどうなのかという、現状の情報収集をしていきます。情報収集は、クライアントの状況・文化・仕事の仕方・考え方・言葉・感情などの本当の姿を見るためです。本当の姿を知らないと、その人たちに何が伝わるのか分かりません。つまり、今後相手に最短で伝わる方法を探すためにインタビューが必須となります。

まずは、現場の管理職クラスの方々のインタビューからはじめます。現場の管理職クラスのインタビューは可能な限り全員に実施します。

管理職クラスの現場への影響度は高いため、真の現状を知るには、管理職全員にインタビューさせてもらい、全体像を把握する事が重要になってきます。また、インタビューで管理職全員と直接話をする事で、私たちのコンサルテーションや研修への理解を得やすくなります。理解が得られると、コンサルティングや研修が非常にやりやすいのです。

私の経験に基づくと、管理職のインタビューをしないでコンサルティングや研修を実施するのと、インタビューで関係性を構築する過程を入れて研修を実施するのとでは、最終目標までの効率性が3倍は違いましたので、インタビューは必須の実施事項としています。

やはり、管理職の方々も全く知らないコンサルタントから急にコンサルティングされるよりも、関係性を築けたコンサルタントの方が協働していこうと感じられるのでしょう。

しかし、どうしても全員にインタビューする事が難しい場合は、組織の中で影響力が高い管理職2~5名と、影響力が低い管理職2~5名を、クライアントにインタビュイーとして選んでもらいます。

管理職インタビューの後には、一般社員のインタビューもしていきます。一般社員の方々は、顧客やエンドユーザーと直接触れあうため、外部環境・市場への影響度が高い人たちです。実際に、クライアントの会社が顧客やエンドユーザーにとってどんな状況と認識されているかを把握するためにも、インタビューは必須となってきます。また、一般社員の方々の言葉に共通言語を見つける事も、コンサルティングでは必要とされます。この共通言語を探す事で、クライアントに伝わりやすい言葉が話せるようになるからです。

一般社員が少人数（20人程度まで）であれば全員にインタビューを実施してもいいですし、複数名をインタビュイーとして選んでもいいです。選び方は、DMU・CFTに確認した最終目標数値への貢献度が高い一般社員か、評価制度を参考に、クライアントの中で評価が高い人5～10名、逆に低い人を5～10名の合計10名～20名をインタビュイーとして選んでもらいます。

## インタビューの調査項目を決める

インタビュイーが決まれば、何を聞き出していくかを決めていきます。

### (1) 管理職のインタビュー

管理職にはインタビューで確認する内容は、大きく分けて4つです。

①　研修概要を理解してくれたか。
②　確認した最終目標に対して、現状を把握しているか。
③　日常業務と部下のマネジメント方法をどのようにしているか。
④　マネジメントしている部下の現状を把握しているか。

多くの管理職の方々は話し上手な方が多く、多くの情報を話してくれるので、３つの質問でも30分ぐらいはかかります。

私たちコンサルタントが特に重要視しているのが、④「マネジメントしている部下の現状を把握しているか」です。というのも、この質問の回答で、だいたい管理職のマネジメント能力が想定できるからです。私たちコンサルタントが管理職１０００名以上とインタビューを繰り返して得たマネジメントの現状を知るためには、これが有効な質問なのです。

管理職の答えが「部下は非常に良くやってくれています。現状はあぁでこうで、このような結果に繋がっています」であれば、部下を信頼し、コミュニケーションも円滑で現状が把握できている管理職です。そのため、コンサルティングや研修後も部下のフォローをしてくれるので、９割近い確率で研修の最終目標の達成に繋がりやすくなります。

逆に「仕事ができない部下がいて、仕事中に何をやっているか分からないです。」のような回答をした管理職は、部下も信頼していないし、現状も把握できていないため管理職は、コンサル

図2：コミュニケーション4タイプ

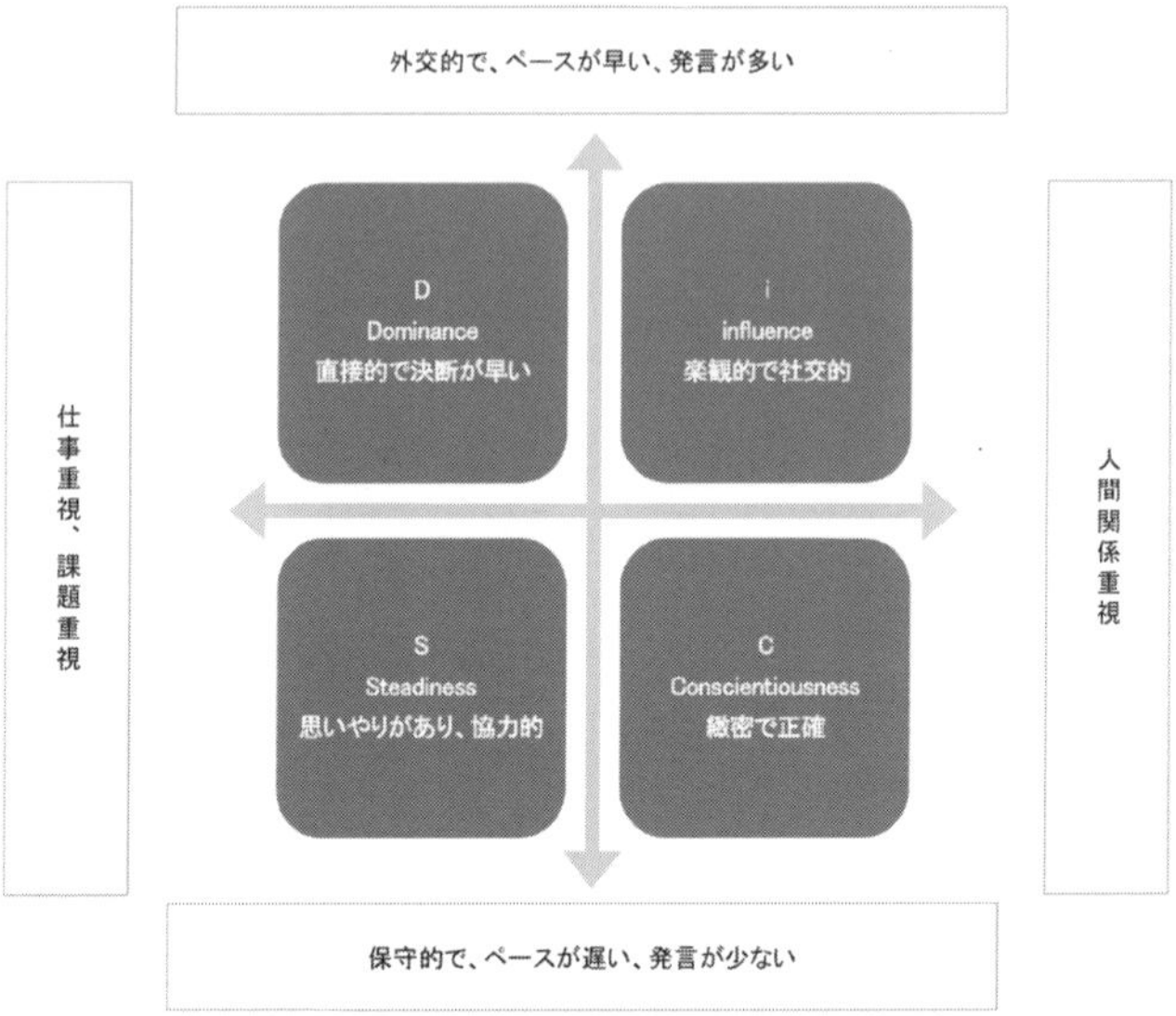
外交的で、ペースが早い、発言が多い
D
Dominance
直接的で決断が早い
i
influence
楽観的で社交的
仕事重視、課題重視
人間関係重視
S
Steadiness
思いやりがあり、協力的
C
Conscientiousness
緻密で正確
保守的で、ペースが遅い、発言が少ない

ティングや研修後に部下のフォローが疎かになり、そのままではほぼ100％最終目標に繋がりません。部下を信頼しているが、現状は把握していないという管理職も同じく成果に繋がりにくくなります。

やはり、管理職が部下と円滑にコミュニケーションがとれているのかは、コンサルタントとしては知りたい情報なのです。

他にも、インタビューでは、人のタイプも察知するようにしています。私は、心理学者ウィリアム・M・マーストン博士が提唱しているコミュニケーション4タイプDiSC®という考え方などを参考にしています。人のタイプを知り、組織の力を高めるために使うアセスメントツールです。管理職は、人と円滑にコミュニケーションをとる必要があります。そのためには、自身と他者とも肯定的に捉える事が必要だという事なのです。

このように、インタビューで管理職のタイプを把握していくのです。評価をするのではなく、タイプによってその人物が組織の中でどのような影響を与えているのかを想定していき、研修でどのように対応し研修内容を伝えていくのかを分析します。

トップコンサルタントは、限られた短い時間でクライアント組織の情報を集めて分析する能力を常に高めています。特に、組織の「人」を知るためには、コミュニケーション4タイプのような即座にアセスメントできるツールを使用しています。様々なアセスメントツールが世の中には出回っていますが、コンサルタント自身が　使いやすい複数のアセスメントを自分流に組み合わせたりして、実際にインタビューなどで意識しながら使っています。

## (2)　一般社員のインタビュー

次に、一般社員のインタビューで、何を聞き出していくかを決めていきます。下記のように大きく7つの項目を一般社員に確認します。

① 仕事に関する考え
② 最終目標に繋がる活動
③ 最終目標に繋げるための日常業務

④　最終目標に繋げるための日常的に繰り広げる会話
⑤　最終目標に繋げるために意識している事
⑥　最終目標に繋げるために改善したい事
⑦　顧客やエンドユーザーに言われた事

一般社員に確認するのは、最終目標に向かうための具体的な言動です。具体的とは、５Ｗ１Ｈの観点で、主語と述語を明確に確認していきます。

## インタビュイーの言葉をそのままインプットする

インタビューでのポイントは、「相手が使う言葉をそのまま確認する」です。共通言語を把握する事が、相手に最短で伝える必要な要素でもあります。共通言語を知ることで、クライアントの会社がどのような風習があるのか、顧客やエンドユーザーに対してどのような意識でいるか、社内での連携は進んでいるのかなど、社内の事がよく分かってきます。

また、共通言語を掴んでいると、後々クライアントに伝えるときに理解してもらいやすいですし、相手がイメージしやすいように伝えられます。そのため、私たちコンサルタントは、相手が

## 図3：インタビューシート（一般社員用）

| ◇◇インタビューデーター【一般社員】◇◇ | 入力1人目 | 入力2人目 | 入力3人目 | 入力4人目 | 入力5人目 |
|---|---|---|---|---|---|
| ヒアリング実施日： | | | | | |
| ヒアリング実施者： | | | | | |
| ヒアリング対象者の職歴 | | | | | |
| 会社名： | | | | | |
| 名前： | | | | | |
| 職歴： | | | | | |
| 1　仕事に関する考え・取り組みに対しての気持ち | | | | | |
| ①　どのようなお気持ちで仕事をしていますか（理由） | | | | | |
| ②　そのような気持ちになっている要因などありますか | | | | | |
| 2　最終目標に繋がる活動について | | | | | |
| ①　どのようなターゲットを対象に活動していますか | | | | | |
| ②　活動は主にどこで実施していますか | | | | | |
| 3最終目標に繋がる活動の日常業務ではどんな行動をしているか？ | | | | | |
| ①　出社して始めに行う事は何ですか | | | | | |
| ②　昼食前に行う事は何をしていますか | | | | | |
| ③　ルーチンワークは何をしていますか | | | | | |
| ④　退社前に行う事は何をしていますか | | | | | |
| ⑤　社内で連携して行っている事はどんな行動ですか | | | | | |
| ⑥　社内業務で協力を仰ぐ場合は何をしていますか | | | | | |
| 4　最終目標に繋がる活動の日常業務ではどんな話をしているか？ | | | | | |
| ①　お客様には先ずどのような話をしていますか | | | | | |
| ②　お客様にはどのような営業ツールを使っていますか | | | | | |
| ③　お客様のニーズを引き出す手法はありますか | | | | | |
| ④　クロージング時にどのような事を話していますか | | | | | |
| ⑤　お客様に他のお客様を紹介してもらう手法はありますか | | | | | |
| ⑥　社内業務で協力を仰ぐ場合はどのように話しますか | | | | | |
| 5　最終目標に繋がる活動で意識している事は何か？ | | | | | |
| ①　何にこだわって活動していますか | | | | | |
| ②　目標を管理するために行っている事はありますか | | | | | |
| 6　最終目標に繋がる活動で改善したい事は何か？ | | | | | |
| ①　課題は何かありますか | | | | | |
| ②　改善している事は何ですか | | | | | |
| ③　更に必要な事は何ですか | | | | | |
| 7　顧客やエンドユーザーに言われた事は何か？ | | | | | |
| ①　既存顧客から言われて印象に残る言葉は何ですか | | | | | |
| ②　どのようなタイミングで言われましたか | | | | | |
| ③　新規顧客から言われて印象に残る言葉は何ですか | | | | | |
| ④　どのようなタイミングで言われましたか | | | | | |
| 8　備考 | | | | | |

## インタビューシート（管理職用）

| ◇◇インタビューデーター【管理職】◇◇ | 入力1人目 | 入力2人目 | 入力3人目 | 入力4人目 | 入力5人目 |
|---|---|---|---|---|---|
| ヒアリング実施日： | | | | | |
| ヒアリング実施者： | | | | | |
| 名前： | | | | | |
| 職歴： | | | | | |
| 1　研修概要を理解してくれたか | | | | | |
| ①　新しいマネジメント導入に理解はあるか | | | | | |
| ②　新しい報告方法に理解はあるか | | | | | |
| 2　最終目標に対して、現状を把握しているか | | | | | |
| ①　目標金額は把握しているか | | | | | |
| ②　目標販売数は把握しているか | | | | | |
| 3　日常業務と部下のマネジメント方法について | | | | | |
| ①　ミーティングの実施しているか | | | | | |
| ②　ミーティングの運営はどのようにしているか | | | | | |
| ③　評価については部下と対話しているか | | | | | |
| ④　目標の進捗状況を部下と話しているか | | | | | |
| ⑤　部下と対話する際に、部下のやる気に繋がる内容を話しているか | | | | | |
| 4　部下の現状を把握しているか | | | | | |
| ①　目標進捗状況 | | | | | |
| ②　サポートが必要な部下 | | | | | |
| ③　目標への貢献度が高い部下 | | | | | |
| ④　部下同士のコミュニケーション | | | | | |
| 5　備考 | | | | | |

使っている言葉をそのまま覚えます。

そのまま覚えるために、私はインタビューの内容をパソコンのExcel®に入力していました。前もってExcel®に調査項目を入れておき、インタビューしながら内容を入力しています。Excel®だと、インタビュー後に複数のインタビュー内容を一覧表にして、分析できますので使いやすいのです。Excel®でフォーマットを作る際は、後々の分析の事も考えて作成しておくといいですね。

## KPIを把握する

インタビューでは質問する項目の他に、できればDMU・CFTと仮で決めた目的・目標に繋がる行動数を確認しておいてください。

例えば、売上を150%伸ばす事が仮目標であった場合は、顧客数は何人か、販売数はどれぐらいか、販売単価はいくらぐらいか…などと、目標に達するための必要な過程を数値に置き換えてみるのです。つまり、最終目標を達成するために、どのような数値で表される過程があるかを分解していくのです。

簡単な分解だと、

図４：KGIとKPIの分析したイメージ

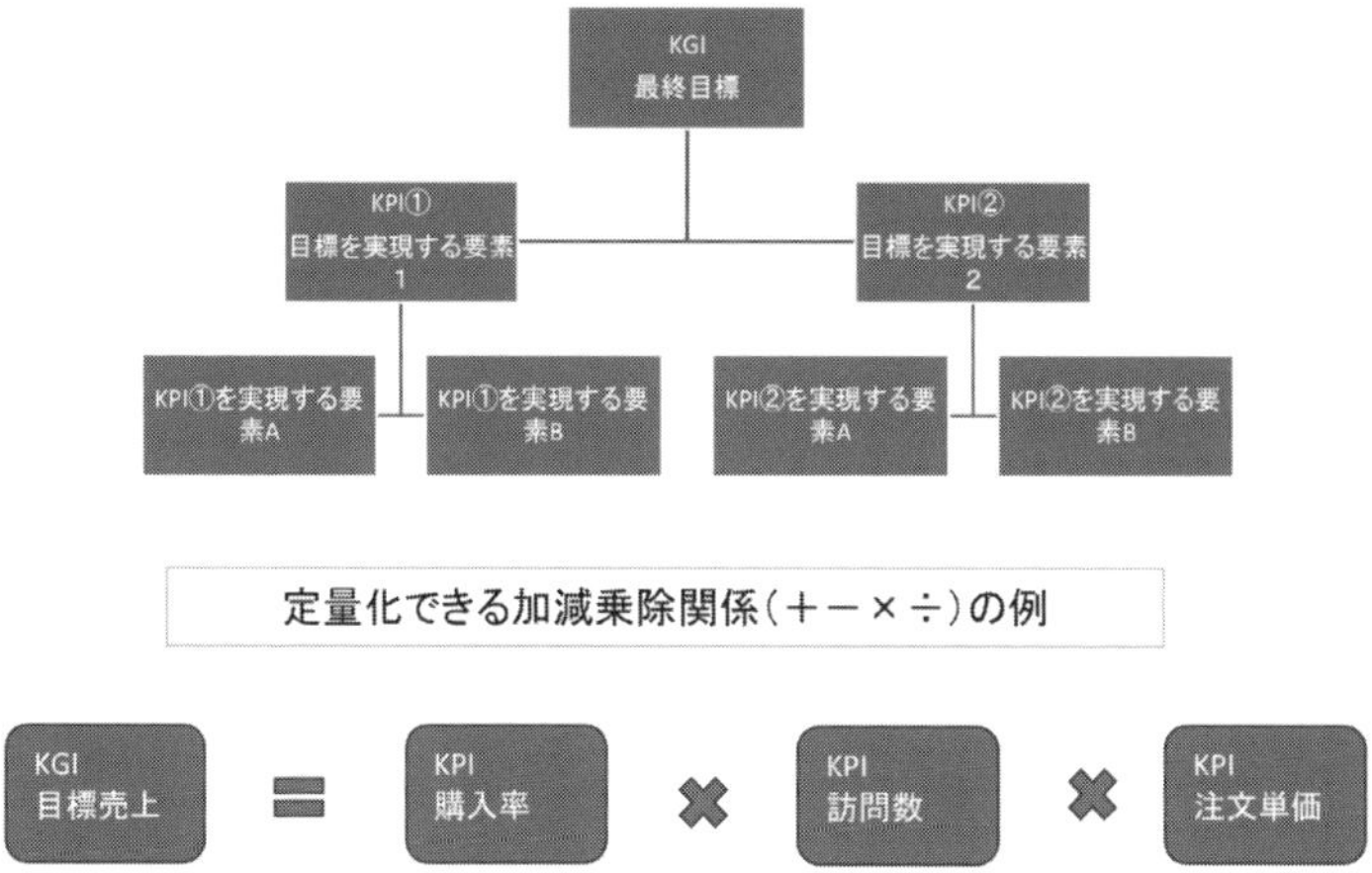


**年間の売上 ＝ 年間顧客数 × 1人あたり購入単価 × 購入頻度**

　これは、一例ですが、あなたのビジネスにおいて分解していくとどうなるか、まずは考えてみてください。

　これらの目標に達するための必要な過程の数値指標を、重要業績評価指標ＫＰＩ（Key Performance Indicator）と言います。また、最終目標を重要目標達成指標ＫＧＩ（Key Goal Indicator）と呼ばれます。数値で明確にしておいて相手に伝える事で、相手に最短で伝わりやすいのです。この後で説明しますが、この数値を知っておくと、クライアントのＤＭＵ・ＣＦＴと最終目的・目標を設定する時に受容な指標になりますし、相手に納得してもらいやすくなります。

## インタビュイーの表情を読む

「白井さんは、相手に共感していることが表情にすぐに表れます。私たちは相手の表情を読みますが、共感し同じ立ち位置にいるわけではありませんよ」とトップコンサルタントから言われた事があります。

以前の私は、相手に共感する事が良い事だと思っていました。そして、共感を表情で表していたのです。しかし、共感だけでは相手と同じ視点でしか考えられず、問題解決に必要な、相手が持っていない視点で考えられない可能性が高まるのです。

ここで考えるべきは、何故、クライアントが自社の課題解決を外部のコンサルティングや研修に依頼するのか？　です。依頼する目的は、自分たちで物理的・心理的・時間的な観点で課題を解決できない、もしくは、そもそも課題や解決方法が分からないからです。自分の事は自分で分からない、自分の課題が自分では分からない場合が多いとは思いませんか。本当の課題が自分ではなかなか分からないから、課題解決ができない事があるのです。だからこそ、クライアントは、コンサルタントのような第三者に自社を客観的に見てもらい自社の課題を見つけて解決をサポートしてもらいたいのです。

そのため、コンサルタントは共感する事も必要ですが、それだけで終わるのではなく、相手の表情から状況・感情・期待・やる気などを読み取り、相手の言葉と行動を合わせて鑑みて、個人の課題・部署の課題・会社の課題なのかをスピード感を持って見極めていくのです。言葉と表情に矛盾点が時々見受けられた際は、そこから課題が何かを考えていきます。

例えば、管理職や一般社員の中には、「インタビューの内容が上の人たちに共有されるので、本音は言えない」または「研修と違う事で以前から不満を持っていたので、これを機に疑問を呈したい」という気持ちでインタビューを答える方がおられます。その時の表情は言葉と違っていたりします。

あなたは、人の表情を読む事が難しいと思いますか？

そうお考えであれば、インタビューだけではなく、普段からも周りとの会話で、相手の言葉と共に表情にも注目して、相手の状況を推測してみてください。言葉と同時に表情を読み、現状の課題は何なのか仮説を立てる練習をしていきましょう。

このポイントは、顧客との打ち合わせ、営業、採用面接など色々な場面で使えます。その際、あなたに意識してもらいたいのは、「スキルを継続的に改善しようとする意識」です。相手の思いをより的確にくみ取れるように、努力する気持ちを忘れないでください。

## 複数のインタビュイーの共通点を見つける

インタビューが終わると、インタビュイーに共通するところを見つけていきます。例えば、一般社員のインタビューした各項目で、評価が高い人に共通する点、評価が低い人に共通する点を見つけます。つまりクライアント組織のコンピテンシー（行動特性）を見つけるのです。そうすると、評価の高い人の共通する点からは、研修の目的・目標に繋がる活動が分かります。これは、研修で参考となるコンテンツテーマとなります。逆に、評価が低い人からは、現状の課題が分かります。

この課題になっている要因は何かを管理職のインタビューと合わせて考えると、マネジメントが原因なのか、クライアント内の教育やシステムが原因なのかを推測していくことができます。単に研修の目的・目標に繋がる活動方法を知らないだけであれば、評価が高い人から見つけたコンピテンシーを活動方法として研修で伝えるだけでも、受講者にとってヒントになります。

管理職のマネジメントが原因であれば、管理職に対する研修が必要となります。管理職のインタビューで分かったマネジメント方法で、研修の目的・目標に繋がる指導・育成方法を見つけて、それを研修で伝えるコンテンツにします。

## 行動を変えるための目的を決める

人は会話の中で、相手にとって役立つ情報を伝えたら「それは役立つ情報だ。ちょっと聞いてみよう」と思ってもらうことが理想です。

ですが、人は変化を嫌いますから、多くの人は、今やっている行動を変えなさいと言われても抵抗感があります。つまり、いきなり方法論から入って「これからは、このやり方をやってください」と研修で伝えても、なかなか相手は変えようと思ってくれません。

では、行動を変えてもらうにはどうすればいいのでしょうか？

答えは、なぜ変えるのか納得できる「目的」を伝える事です。

目的と言っても、会社のグランドデザインのような壮大な目的ではなく、相手の置かれている状況や立場によって、その人にとって良いと思える「目的」を伝えるのです。

一般社員の評価が低い人たちにも、それは良い行いだ、など良いイメージを抱ける目的を伝える事が重要です。

インタビューでインタビュイーから意識している事・改善したい事、本当はどんな良い行いをしたいのか、どんな考えを良いと思えるのかを聞き出して、その人が良いと思える目的を考えて、それを伝えるのです。

管理職に対しても、管理職が仕事を通してどんな良い行いをしたいのか、良いとイメージする未来はどのようなものなのかを突き詰めて目的を決めていくのです。管理職にイメージしてもらうために、部下の中で評価が低い人がいる場合は、彼らが変わり出すとどんな職場に変わるのか、どんな職場の改善につながるのか、そうなると管理職にとってどんな嬉しい未来が見えるのかをイメージできるような目的を考えていきます。

以前の私は、目的を考える時に、何がメリットなのか、何がデメリットなのかという利益や条件などの相手側の私欲的な損得勘定から入っていました。しかし、そのような損得勘定で考えた目的を人に伝えても、人はあまり感化されないのです。一時的には変わる人もいますが、熱量を持って変えていこうと思う人は稀だと感じます。

例えば、「売上を200％上げて、みなさんの給与も上げていきましょう」と伝えても、人は感化・感動されにくいのです。一方、「目的」を考えるときに、何が良い行いなのか、悪い行いなのかという観点から目的を伝えれば、人は感化・触発されて「そうしていこう！」と思えるのです。

例えば、私の事例で説明します。2社合併したばかりで、社内のコミュニケーションに課題がある会社で「全員一丸となり、商品・サービスの素晴らしさを全員で理解して、多くのお客様に役立つ情報を発信しましょう。そして、○○会社を全員が誇れる会社に変えていきましょう」と伝えました。すると、コミュニケーションに課題があると感じていた方々は触発され、全員が話し合う風土に変わったのです。おそらく、日本人が小さな時から道徳心を持つように教育されるために、大人になっても同じく道徳的な行いに感化・触発されるのでしょう。

どんな仕事でも、継続的に良い方向に変えていこうとしていくのであれば、人が道徳的に感化・触発される目的を伝えていく事をお勧めします。

## 評価の高い人は更に向上する目的を決める

先ほどは、目的を伝える事を説明しました。ただし、頑張っている人に「良い事なので、更に頑張りましょう」と言えば、やる気が無くなったり、反発したりするものです。その人たちが更に向上していくために、どのような目的が必要かも考えていきます。ここが欠けると、頑張っている人たちの協力が得られず、研修の目的・目標に繋がらずに失敗してしまいます。

そのため、現状で頑張っている人たちにも配慮して、更により良くなるためには、どんな目的が必要か考えなければいけないのです。評価が高い人たちが、どんな意識で仕事をしているかをインタビューから鑑みて、評価が高い人たちにとって、良いと思える未来を抱けるかという観点から目的を考えていきます。

## 行動のGAPを一覧化する

インタビューで得た情報を基に「実施している事」「実施していない事」を明確にするために一覧表を作成します。管理職の、研修の目的・目標に向かってマネジメントの中で「実施している事」「実施していない事」を一覧化していきます。また、一般社員も同じように、評価が高い人と低い人それぞれの「実施している事」「実施していない事」を一覧化していきます。

これを作成すると、コンサルタントがクライアントに対して行動面でどのようなアドバイスをすべきかが明確になります。実際に現場で実施している事を受講者に伝える事になるので、受講者にとっても非常に理解しやすいのです。

この一覧表は、研修の中ではチェックリストとして提供します。企業研修では、自分自身の取り組みたい課題も分からない受講者たちも多いので、自分が取り組む事を明確にしてもらうためにもチェックリストを活用していきます。例えば、一般社員が、このチェックリストで自分自身を振り返りながら、1人ひとりが「これから実施する事」に焦点を当てて研修を受ける事ができます。1人ひとりが研修を効果的に受けるための確認ツールとなるわけです。管理職も同様にマネジメントのチェックリストとして渡します。部下にどうやって指導・教育するのかを明確にしておく事で、管理職の方々のマネジメントが非常にやりやすくなります。マネジメントに向いて

図５：チェックリストの作成

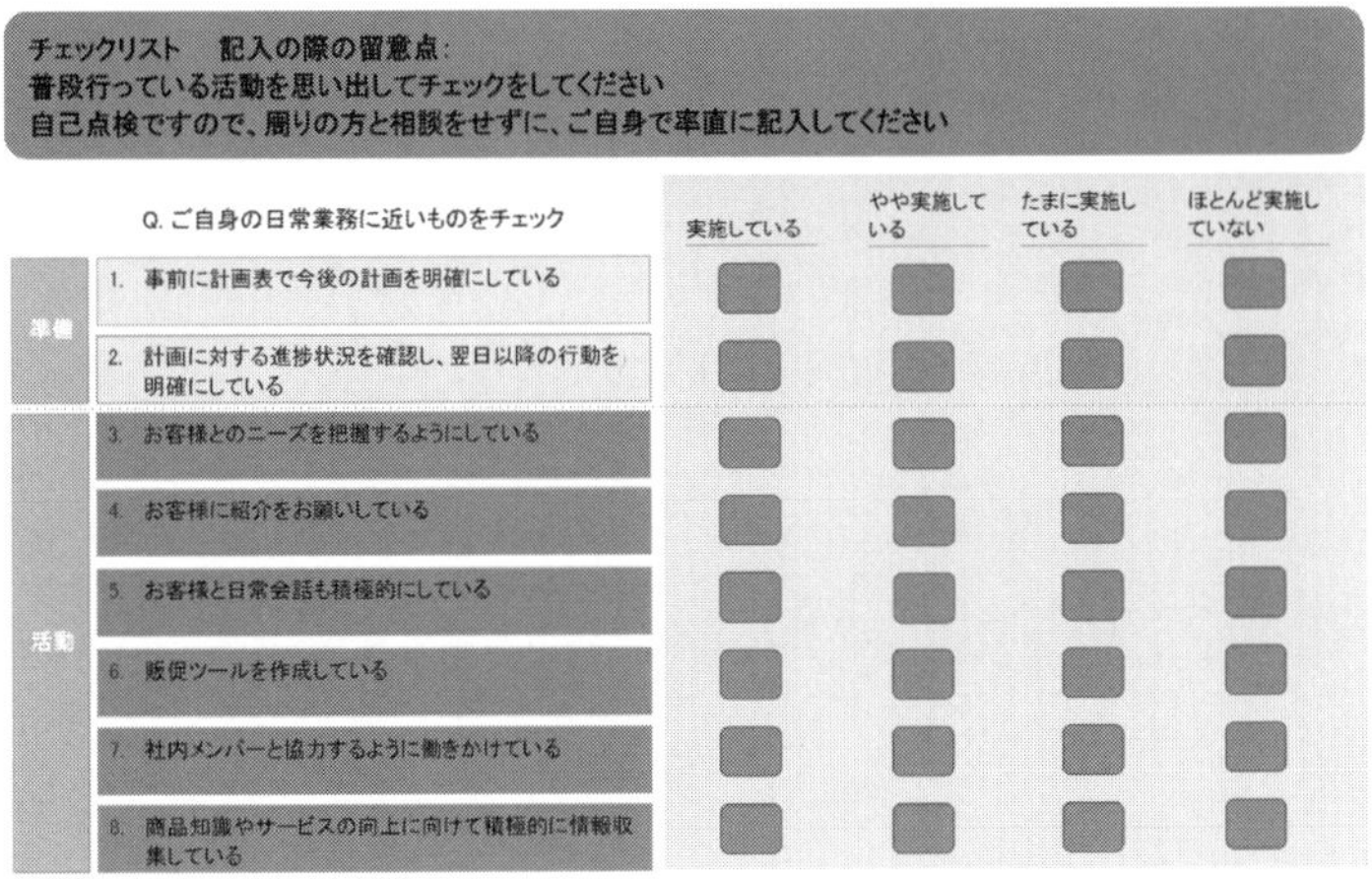
チェックリスト　記入の際の留意点：
普段行っている活動を思い出してチェックをしてください
自己点検ですので、周りの方と相談をせずに、ご自身で率直に記入してください
Q. ご自身の日常業務に近いものをチェック
実施している
やや実施している
たまに実施している
ほとんど実施していない
準備
1. 事前に計画表で今後の計画を明確にしている
2. 計画に対する進捗状況を確認し、翌日以降の行動を明確にしている
活動
3. お客様とのニーズを把握するようにしている
4. お客様に紹介をお願いしている
5. お客様と日常会話も積極的にしている
6. 販促ツールを作成している
7. 社内メンバーと協力するように働きかけている
8. 商品知識やサービスの向上に向けて積極的に情報収集している

図６：フローチャートの作成

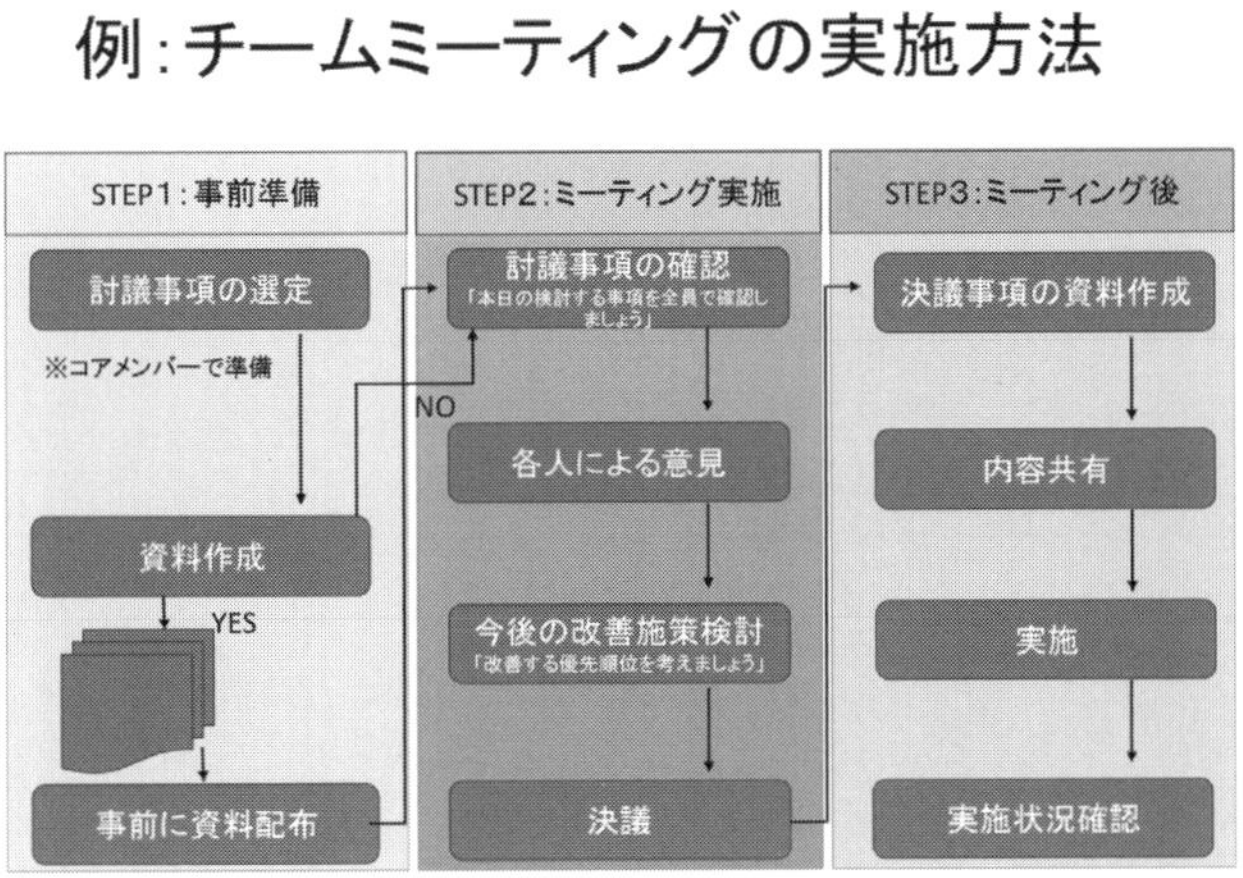
例：チームミーティングの実施方法
STEP1：事前準備
討議事項の選定
※コアメンバーで準備
資料作成
YES
事前に資料配布
NO
STEP2：ミーティング実施
討議事項の確認
「本日の検討する事項を全員で確認しましょう」
各人による意見
今後の改善施策検討
「改善する優先順位を考えましょう」
決議
STEP3：ミーティング後
決議事項の資料作成
内容共有
実施
実施状況確認

いないと悩んでいた管理職が、何を指導・育成すべきか分かるだけで、自信を持ってリーダーシップが取れるようになり、その後、素晴らしいトップになることもあります。

## 行動のフローチャートを作成する

相手に分かりやすく伝える方法として、フローチャートを用意する事も有効です。

インタビューでの内容を基に、主語と述語を明確にして、行動をSTEP化します。また、それぞれのSTEPの中で、どんな言葉を使っているか、何のツールを使っているかも具体的にしていき、スクリプトのフローチャートを作成します。フローチャートにすることで、研修で視覚的にも伝わりやすくなりますので、相手の理解も早くなるのです。更に、研修後も忘れにくくなり継続的に覚えてもらいやすく、現場での行動改善に繋がる可能性が高まります。できる限り、研修で覚えてもらいたい事や研修後に改善してもらいたい事は図やフローチャートにするなど伝えやすいツールを準備しておきます。

## シェアワークを考える

私たちが相手に物事を話しても、それが相手に「伝わって」いるとは限りません。「伝わる」とは、相手が受け止める、または、相手が理解したと思えてはじめて「伝わった」ことになるのです。

では、どうすれば研修で話した事を受講者が理解できるレベルまで持っていく事ができるのでしょうか。それには、受講者1人1人が「人に伝える」シェアワークやディスカッションをしてもらう事が効果的なのです。アメリカ国立訓練研究所の調査によれば、受講者が「研修で聞く」事では学習定着率が5%、ですが受講者が「人に伝える」と学習定着率は90%と非常に高まります。つまり、人に伝える体験を受講者自身がする事で受講者は理解できる可能性が高まるのです。

研修では、確実に伝えたい内容や理解してほしい内容は、必ず受講者にディスカッションやシェアワークをしてもらいます。受講者2~4名でグループを作ってもらい、研修で聞いた内容をお互いに発言し合ってもらいます。コンサルタントは受講者に「今、聞いた内容がどんな内容であったかを相手に伝え合ってください」と伝えて、ペアになった受講者同士で聞いた内容を伝え合ってもらいます。もしくは、「伝えた事について、どう思うのか話し合ってください」と受講者同士で討議してもらうのも有効です。

注意点としては、受講者同士で伝えてもらうと、案外違った解釈を持たれていたり、全く理解していなかったりします。その際は、コンサルタントから修正フォローをしていきます。理解度や間違いを確認するためにもシェアワークは研修中何度も受講者にやってもらうようにしているのです。

研修だけではなく、仕事の場面や、相手に伝えたい事を確実に理解してもらう時にもこの方法が使えます。例えば、ミーティングでメンバーにやって欲しい事を伝えたとします。それが、メンバー全員に確実に伝わっているのかを確認するために、メンバー同士で伝え合ってもらうのです。

## 体験型ワークを作成する

相手に伝えた事を最短で理解してもらうには、実際に相手に体験してもらう事も1つの方法です。「自ら体験する」事で学習定着率も75%と高まるのです。「分かった」と「できる」とは違うため、伝えた事を「分かった」という段階から「できる」という段階にしていく体験型研修手法です。

全員が発言し、手足を動かして研修で伝えた事を研修内で試してもらう体験型ワークを研修では実施しています。例えば、ロールプレイ・ゲーム型トレーニングなどです。

このような体験型ワークをする時のポイントは、「取扱い説明」をシンプルにする事です。実施方法をシンプルに説明しなければ、受講者は何をすればいいのか分からない、「ワーク難民」

図７：ロールプレイの進め方

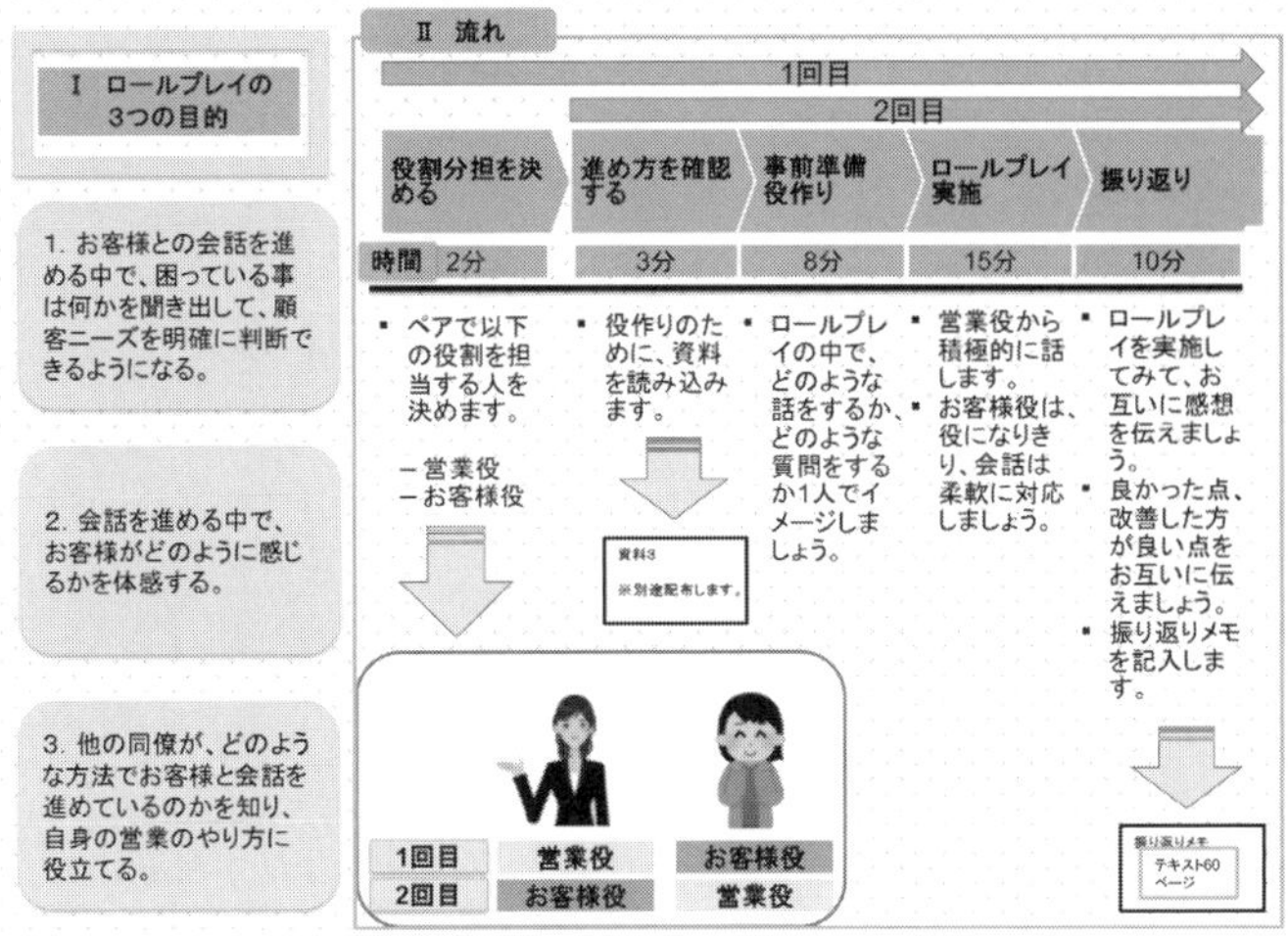


が出てきます。「ワーク難民」は、ワークを通して理解できるような体験ができずに、内容さえも理解できないまま研修を終えてしまうのです。そのような受講者たちは研修への理解度が低くなるわけです。

では、体験型ワークで伝える「取扱い説明」はどうすればいいのでしょうか。図・矢印・絵などを使って順番を分かりやすく作る事です。左記項目をできる限り1枚の資料で作成します。

①　実施する目的
②　実施の方法
③　実施の順序
④　実施時間
⑤　実施する役割
⑥　使う資料やツール

資料が複数枚になると、混乱する人達が出てきます。例えば、商品の取扱い説明書が複数枚にわたっていると複雑に感じるのと同じなのです。

このように研修では、体験型ワークを取り入れて、相手の理解を促すために1枚の資料を基に順番に沿って実施方法を説明して、効果的に体験してもらうわけです。

## コンテンツテキストを作成する

さあ、インタビューからクライアントの状況が分かり、研修で何をしたらいいのかも分かりました。いよいよ、コンテンツテキストを作成していきます。私たちは、テキストをPowerPoint®で作成しています。

コンテンツ内容にもよりますが、1日間の研修用テキストは1冊１２０～１５０ページほどで作成しています。3時間用であれば、研修用テキストは1冊50～70ページほどで作成しています。テキストのページ数が多いのは、受講者にとっての教科書をイメージして作っているからです。なぜなら、受講者が職場に戻った際、研修で出てきた内容を忘れてしまうと、そこで実践を止めてしまいます。しかし、教科書があれば、忘れたとしても忘れた箇所を見直して思い出せるため、止めることなく実践に繋げることができるのです。

インタビューなどで収集した情報を基に、研修の目的に対する行動のGAPを一覧化したチェックリスト・行動のフローチャート・アクティブワークをテキストとして作成しましょう。テキストを作成する際には、クライアントが普段使っている共通言語を使って作成します。そうするとこで、受講者の理解を促せます。

## コンテンツで伝えるメッセージを決める

トップコンサルタントが研修準備で非常に徹底してこだわっていた事が、この「研修で伝える肝」を考える事です。以前の私は、それほどこだわった事はありませんでした。

何故こだわるのかですが、どんな状況にも臨機応変に対応して、相手にとって必要な内容をいかなる状況でも伝えていくためです。最短に伝えるべき事を、確実に相手に伝えるスキルを身に付けていくのです。

このスキルを身に付けるために、研修前にコンサルタントの準備として徹底して行います。最低でも1週間の準備時間を設けますし、それ以上かける事もあります。

方法は、作成したテキストを用意して、テキストの章ごとに、この章の肝は「○○です」と1文章で発言していきます。頭で考えるのではなく、ちゃんと言葉に出していきます。はじめは、なかなか短い言葉では発言できないものです。その場合は、「だから何？」「つまり何？」と疑問を投げかけて、肝を1文に絞り込んでいきます。

次に、章ごとに1文でメッセージが伝えられるようになれば、今度は、テキストの1ページごとに1文のメッセージを発言していきます。

長い文章でしか説明できない状態は、何を相手に最短で伝えるべきかが整理できていないのです。その状態だと、研修だけではなく、コンサルティングでもクライアントのDMU・CFTに限られた時間の中で伝えるべき事が伝えられなくなる可能性も高まります。既に述べているように、DMU・CFTは常に結論を求めて仕事をしています。「で、結論は何？」と言った時に、すぐに結論を言えるコンサルタントが好まれます。そうすると、依頼のリピートに繋がります。

私たちコンサルタントには、詳細にも端的にも話せるスキルが求められているのです。

これは、あらゆる仕事でも必要だと感じます。上司・顧客への説明、プレゼンなど、どんな時にも臨機応変に伝えるべき事をその時に応じて伝えきれるスキルを身に付けておくのは必要だと思いませんか。

自分の伝えたい事を「だから何？」「つまり何？」を繰り返して、最短に伝えるメッセージを考えて言葉にする練習をしていきましょう。そして、「スキルを継続的に改善しようとする意識」を持ち、常にこのスキルを継続して改善していくようにしましょう。

## 優先順位を付ける

メッセージを考えたら、次は優先順位を考えます。

テキストには、色々な情報が詰まっています。テキストには、それだけ伝えたい多くの情報が詰められているのです。

ですが、本当に全て100%伝えるべき情報でしょうか。本来の研修の目的・目標は何か。そこに向かうためには、何を伝えなければいけないのか考えて、各章ごとに伝えるコンテンツに優先順位を付けます。

## テキストの章ごとに伝える時間を決める

章ごと、ページ毎に最短に伝えるメッセージと優先順位を考えたら、次は実際の研修で、どのぐらいの時間をかけて説明していくのかを決めていきます。最長で何分かかるのか、最短で何分かかるのかを把握するのです。

最短で実施する時は、優先順位が低いコンテンツは省かれるかもしれません。それでも、あらゆる状況に備えて、最短での伝え方を決めていくのです。なぜなら、研修を8時間で想定していても、クライアントから急に「今日は、どうしても外せないイベントが入ってしまいましたので、6時間で実施してくれませんか？」と言われる時もあるかもしれません。他にも、想定外の事が起こり、短時間で研修をしないといけない事も起こるかもしれません。

どんな状況にも対応できるように、最長と最短の時間を把握しておきましょう。

## 研修の受講者の状態を想像する

相手に最短で伝えるためには、相手がどう受け止めるのかを2つのポイントに注目して考えておきます。

### (1) 伝えるメッセージ

研修で伝えるメッセージを、受講者がどう受け止めるかを考えてみます。

1ページごとに伝えるメッセージを、一般社員の評価が高い人はどう受け止めるか、評価が低い人はどう受け止めるか。それぞれ聞いた時に「それは面白そうだ」と感じるのか「それは面白くない」と感じるのか、はたまた「私には関係ない話だ」と感じるのかをイメージしておきます。

「それは面白そうだ」と受講者の大多数が感じそうであれば、そのメッセージのまま伝えていいでしょう。「私には関係ない話だ」と受講者の大多数が感じるようであれば、「それは面白そうだ」と感じてもらうメッセージに変更します。もしくは、サブメッセージで利用者の声を伝えます。「実際に皆さんと同じ立場の人たちがやってみて、必要性を感じているのですよ」と伝えると感心を持っていただけるのです。

「それは面白くない」と大多数が感じるようであれば、サブメッセージを考えます。研修の目的を伝え、その後の良いイメージも伝えるのです。時には、何が面白くないと思うのかを詳細に考えておき、それに対する対策を用意しておきます。

コンサルティングでも研修でも、相手がどう受け止めるのかを、とことん考えていきます。これができていないと、相手が私たちの言葉を受け止めてくれないのです。受け止めてくれないという事は、言い換えれば、真の意味で相手に伝えられていないのです。

## (2) 伝えるタイミング

そして、もう1つは、受講者の状態を見て伝えるタイミングを考える事です。研修の準備をする際に、受講者との信頼関係構築を含めて段階的に考えていきます。つまり、テキストのどの章で受講者との関係性がどの段階まで構築できているかを考えていくわけです。

相手との関係性構築段階を把握しておかなければ、研修で相手との関係性が構築できていない状態にもかかわらず、こちらから一方的に伝えようとしているだけという事態に繋がります。そうなると、コンサルタントの言葉が受け入れてもらえないのです。

では、どうやって関係性構築を段階的に考えるのか。

次のラポール形成はご存知でしょうか。

① **信頼の段階**：クライアントの中で、一般的に好かれる話し方・服装・表情などで、相手の感情に差しさわりない内容で、コンサルタントが話す段階

② **傾聴の段階**：受講者自身に自分の考え・状態・思いなどを話してもらう段階

③ **伝える段階**：コンサルタントが研修で伝えたい事・受講者に今後実施してもらいたい事を伝える段階

④ **理解の段階**：受講者が研修の内容を理解しているか、コンサルタントが受講者の事を理解しているか確認し、研修後にどうしていくか決めていく段階

この段階を、テキストの第1章は信頼の段階、第2章〜3章では傾聴の段階…と考えておきます。この段階を踏まえて構成しておくことで、相手がメッセージを受け入れてくれる段階で、適切なメッセージを伝えられるので、受講者は言葉を受け入れ理解も深まるわけです。

余談ですが、この設計をする時に、私は昔の学校の先生を思い出します。新学期、はじめて顔

### 図８：研修でのラポールの組立て

| 優先 | No | タイトル | 時間 | 肝は何か？ | 章終了後の受講者の状態のあるべき姿 | ラポール段階 |
|---|---|---|---|---|---|---|
| 6 | 1 | はじめに | 40 | 受講者同士で教え合う学習形式。前回からの前向きな変化の共有 | 少し自分や周囲も変わってきているなと変化に気づく | 信頼の段階 |
| 5 | 2 | 前回の振り返り | 30 | 他の受講者から聞きたいことを明確にする | 実践での自分のつまずきや疑問点を上げ、それを他の担当者がどうやっているのか聞けるのだと分かった状態 | 傾聴の段階 |
| 3 | 3 | 成功体験を共有しよう | 85 | 自身の成功体験の気付き。他者が実践してきたことを聞くことで、これから業務で役立つ工夫（自分がまだやっていない事）を横から学ぶ | 自分も少しやれているんだ。他の人が上手くいっていることなら、同じようにやってみようかなと思う状態 | 傾聴の段階 |
| 1 | 4 | 各業務担当者同士で意見討議 | 60 | 個別の状況による業務方法を整理し、更に良くなる環境づくりを明らかにする。今後は、個別の状況をお互いに理解した協力体制づくりが重要だと理解する | Ａ業務は、繁忙時には自身が優先して実行する事を同業務内で把握し、Ｂ業務とＣ業務は、業務間で何を協力できるかが明確な状況。それぞれ状況は違うので話し合って協力していかないと効率的ではないと思う状態 | 伝える段階 |
| 2 | 5 | 課題に対する対応策 | 90 | 業務で課題としていることとの対応策やヒントを持ち帰る | 今までの課題に気づいた場面について業務間で共有すると、他業務を理解し合える。お互いに協力できるか対応策を出し合い、試してみようと思う状態 | 理解の段階 |
| 4 | 6 | 今後の進め方 | 30 | 今日横から学んだことを、フィールド２で行動に移す | 今日横から学んだ事を含めて、明日から取り組んでいくんだと思っている状態 | 理解の段階 |

を合わせる先生は、すぐに生徒にダメ出ししてしまう方でした。そこで先生と生徒の間に壁ができて、生徒はその先生の授業さえも面白くなくなってしまいました。あの先生も、関係性構築を考慮しておけば、生徒にもっと授業の内容も好きになってもらえて、先生の言葉も耳に入っていたのに…と思ってしまうのです。ラポール形成の話に当てはめると、学校の先生は第1段階で躓いていたのですね。

## IDの資料を作成する

次は、ID（instruction design：インストラクションデザイン）という、研修効果を最適にする研修設計のための資料を作成していきます。

「わざわざ資料なんて作らないで、研修でどうやって進めるのかを頭で覚えておけばいいのではないか？」と思われるかもしれません。しかし、研修を実施していると、「雰囲気に飲まれて、伝える事を忘れる」事があります。

また、研修がとても良い雰囲気である事が、既に受講者との関係性が構築されたと勘違いして、本当は関係性を構築していないのに、一方的に「これをやってください」と不適切なタイミングで伝えてしまうこともあります。

そこで、IDを資料作成していきます。IDを作成しておけば、研修中にIDをチェックして、伝える事を研修中に認識する事で、メッセージを適切なタイミングで伝えられるようになるのです。仮に、タイミングがズレたとしてもすぐに気づいてフォローができます。

更に、IDの利点は、研修の再現性を高められる点です。同じ研修を1回だけではなく、2回~3回した場合、同じメッセージを忘れることなく話せるのです。1回目の研修を受けた人は聞いた内容を、2~3回目に参加した人たちは聞いていないという事が避けられます。また、コンサルタントが替わって研修を実施したとしても、同じ研修が提供できるというのも特徴です。コンサルタントによって話に多少の差はあれど、資料の内容は必ず伝わるわけです。

IDには次の観点が必要です。

① 区分け：各章と各ページ
② 各章と各ページの所要時間
③ 各ページの優先順位
④ メインメッセージ：各章と各ページ
⑤ サブメッセージ：各ページ
⑥ 各章での受講者との信頼関係構築段階
⑦ 各章で受講者にどのような状態になってほしいか

## 図９：【一般社員Ｂ】ID（標準型紙）

| 章 | ラポール段階 | ページ | 分 | 時間 | 優先（大中小） | タイトル名 | 肝（伝えたいこと・落とす内容） | 提示方法／レクチャー方法・手順と、追記で、他の章とのつながりをどのように持たすのかを記入 | ・コンサルタントマインドと事前準備<br>・参加者の状況確認ポイント | 受講者の状態 |
|---|---|---|---|---|---|---|---|---|---|---|
| A章研修中の振り返りと今後の方針 | 信頼の段階 | | 40 | 9:00<br>-9:40 | | | | ■お礼・資材・運営・進め方についてご案内<br>①研修中の取り組みに対するお礼<br>②資材の説明（本資料とプロジェクターは同じ、開いているページはプロジェクターを確認してほしい）<br>③休憩時間の説明<br>④携帯電話の説明（携帯電話はマナーモードにし、休憩時間に会場の外でお願いする。緊急事態の場合は、外でお願いする） | ①研修中の取り組みに対する感謝をしつつ、今後も継続していくというスタンス<br>② DMU と同上の内容を打ちあわせしておく | プログラム取り組みの変化に気づく |
| | | 1 | 2 | 9:00<br>-9:02 | 大 | 今後想定される状況と、研修での学習内容 | 継続の肝３つ<br>１本プログラム活動を継続的におこなう事を確認<br>２今後の顧客対応の仕方<br>３事業部で協力体制を作り上げる | テキストの今後想定される状況を提示し肝３点を伝達 | ①これまでのプログラムに取り組んだ状況を理解した上で、理解し共感している事を伝える | |
| | | 2 | 1 | 9:02<br>-9:03 | 大 | 本日の目的 | 本研修の目的は、今後の事業部の方向性について理解すること<br>１取り組みを継続させる<br>２今後の顧客対応<br>３研修後の活動内容を確認 | 本研修の目的３つを簡潔に提示 | 特に１、２、については意識させるようにする | |
| | | 3 | 1 | 9:03<br>-9:04 | 小 | 本日の流れ | 本研修の各章で学習する内容と流れ | 本研修の流れを各章タイトルを伝えると共に概要説明 | | |

図10：VAK

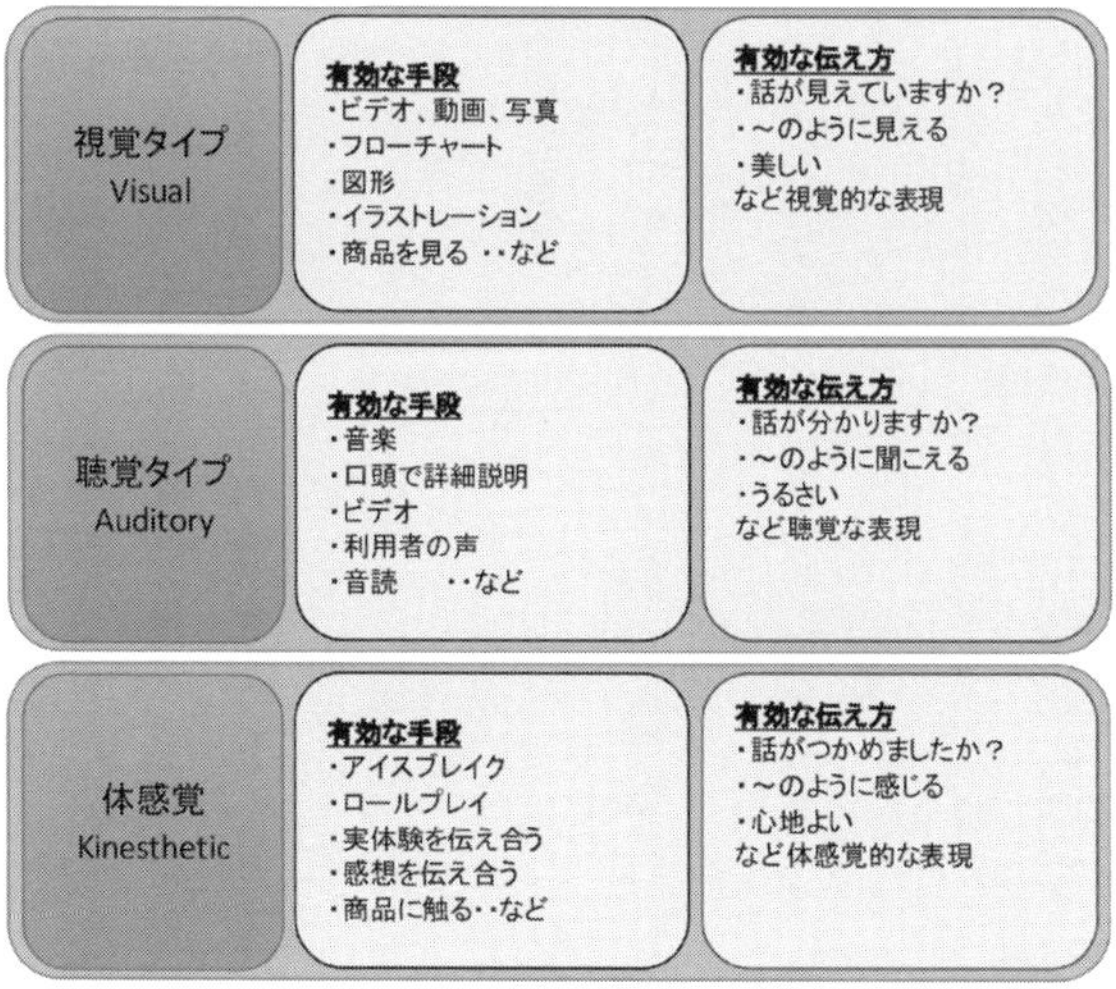

視覚タイプ
Visual
有効な手段
・ビデオ、動画、写真
・フローチャート
・図形
・イラストレーション
・商品を見る ・・など
有効な伝え方
・話が見えていますか？
・～のように見える
・美しい
など視覚的な表現
聴覚タイプ
Auditory
有効な手段
・音楽
・口頭で詳細説明
・ビデオ
・利用者の声
・音読 ・・など
有効な伝え方
・話が分かりますか？
・～のように聞こえる
・うるさい
など聴覚な表現
体感覚
Kinesthetic
有効な手段
・アイスブレイク
・ロールプレイ
・実体験を伝え合う
・感想を伝え合う
・商品に触る・・など
有効な伝え方
・話がつかめましたか？
・～のように感じる
・心地よい
など体感覚的な表現


この項目に則って、シンプルにまとめていきます。あまり複雑にしてしまうと、研修途中にさっと確認できる内容でなくなるため、すぐに読める程度にまとめておきましょう。

また、設計する際に、意識してもらいたいのはVAK理論が含まれているかです。VAK理論とは、脳科学の理論で人のタイプには得意に働いている感覚（視覚・聴覚・触覚・嗅覚・味覚）があり、人それぞれ違うという理論です。得意に働いている感覚によって、情報の理解が異なってきます。それぞれの得意な感覚で情報を取り込んで、考えて理解するのです。人それぞれ優れている感覚は違います。どのタイプにも情報を効果的に伝えるために、タイプを考慮した研修設計をします。

VAKは次のような3タイプです。

V（Visual）：視覚で取り込むため、目で情報を見られるように文字、動画・絵・チャート図化するなど

A（Auditory）：聴覚で取り込むため、耳で聞けるように口頭で伝える、音楽で伝えるなど

K（Kinesthetic）：体感覚（触る、嗅ぐ、感情を読む）で取り込むため、アイスブレイクや体験型ワーク、シェアワークを行うなど

以上のＶＡＫそれぞれのタイプに伝わりやすい方法が含まれるように設計していきます。

## ＤＭＵ・ＣＦＴとの最終確認を行う

テキストとＩＤが作成できたら、まずはＤＭＵ・ＣＦＴに研修の内容を伝えます。また、研修の最終目的・目標を再確認していきます。インタビューの結果から、現場が背伸びして頑張れば届く目標はどこかを再確認していくのです。目標数値があれば、これまでの推移よりも１・５倍以上になるのか、これまでの実績と鑑みて決めていきましょう。ちなみに、なぜ目標数値を高くするのかですが、これには２つの理由があります。

１つ目は、人の意欲を上げるためです。心理学者のアトキンソンが実験した結果、人の意欲は、

100％確実に成功と分かっていることに挑むと意欲は低くなることがわかりました。しかし、確実に成功するかは分からないが、50％は成功するかもしれないと思えることに挑むと意欲が高くなる結果が出ています。例えば、去年まで100件の営業目標をずっと達成してきた会社があるとします。今年も同じ100件で目標を設定しても、社員の意欲は高まらないのです。また、今年は、500件に目標設定しようとすると、社員から「500件なんて無理だ」と感じてしまい、これもまた意欲は高まりません。しかし、今まで100件達成してきたから100件までは100％達成するので、1.5倍の目標設定として150件とすると、頑張ればできるかもしれないと社員が思えて、意欲が高まるのです。

2つ目は、得られる事を明確にするためです。DMU・CFTにとって、コンサルティングや研修を行うのは、いわば投資でもあります。研修を行う事で、どれだけの利益が得られるのかが、DMU・CFTが非常に気になるところなのです。私は、投資利益率（ROI：Return On Investment）指標を計算して活用していました。

**ROI＝（目標から割り出した利益－研修費用）÷研修費用×100**

数値が高い程、利益性も高くなるので、DMU・CFTの研修への期待値や納得度が高まります。また、DMU・CFTの期待度と現場の状況における期待度に乖離が出てくる事はよくあります。

図4：KGIとKPIの分析したイメージ（再掲）

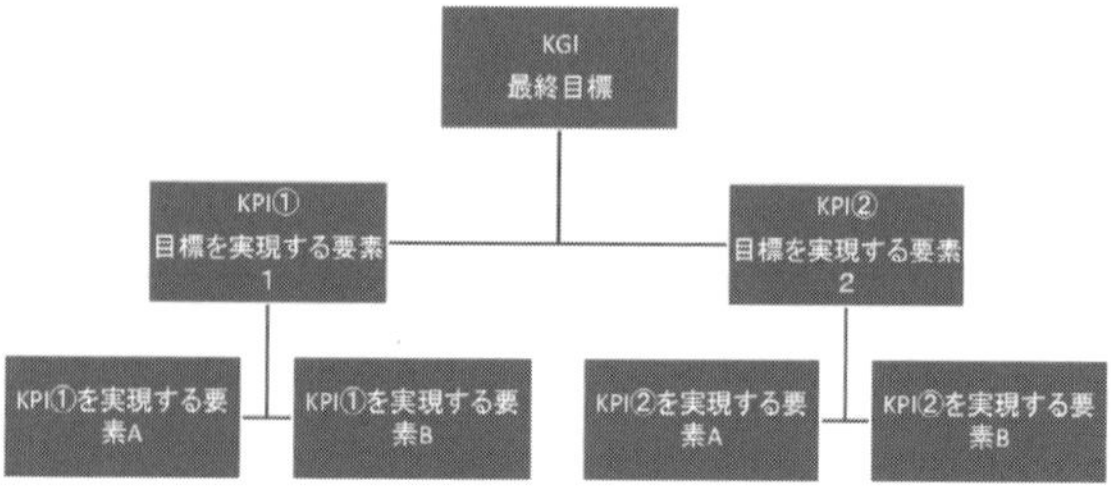


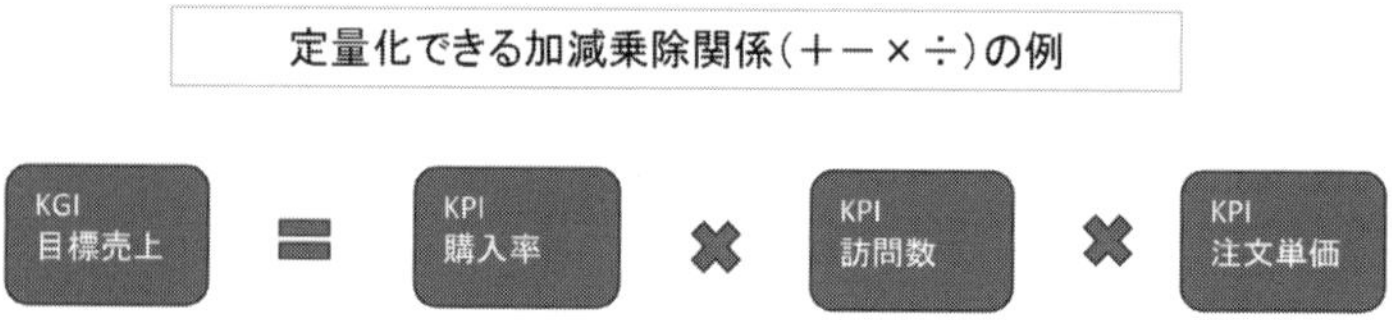


その時に、コンサルタントが「現状は難しい」と伝えても納得してくれないケースもありますので、ＤＭＵ・ＣＦＴにも納得できる最終目標を決めてもらうためにも、クライアントで数値指標が分かる資料を提供してもらい、ＲＯＩなどで分析しておく事が必要となってきます。

ビジネスでは、最重要目標達成指標をＫＧＩ（Key Performance Indicator）と言いますが、ほとんどの企業ではＫＧＩは明確です。そのため、ＫＧＩに繋がる数値指標は、ちゃんと資料として見せてもらいましょう。

また、最終目標に達するための必要な過程の数値指標であるＫＰＩが既にあれば、その資料を見せてもらいましょう。ＫＰＩを分析していない企業もありますので、インタビューで確認できたＫＰＩや想定できる数値があれば、資料として用意しておきます。

## 研修準備期間は徹底的に模擬研修をする

クライアントの状況が分かり、テキストとＩＤも作成したら、次は研修準備です。私たちは、研修準備期間として約１ヶ月期間を取っていました。トップコンサルタントは徹底して模擬研修を繰り返します。ここでは、どのようなポイントに注目して模擬研修を繰り返すのかを説明してきます。

### (1) メッセージのブラッシュアップ

模擬研修では、メッセージを繰り返し発言して、「だから何？」「つまり何？」の質問に対して、更なるメッセージで答えていきます。ここでは、できる限り、守秘義務が保たれる範囲内の第三者に確認してもらえるといいですね。そして、第三者に、クライアントのインタビューで得た受講者の状態を伝えて、受講者になりきってもらうのです。質問してもらったり、どう感じるかをフィードバックしてもらいましょう。

### (2) 相手に受け入れてもらう立ち居振る舞い

模擬研修では、受講者との関係性を構築する立ち居振る舞いも身に付けていきます。この前提として、コンサルタントは受講者を無条件で肯定し尊重して認めておくマインドが必須です。これは、コンサルタントだけではなく、どんな仕事でも人と関わる際には必要なマインドですね。

さあ、このマインドを前提として、人間関係を形成するための、言語コミュニケーションだけではなく、非言語コミュニケーションといわれる相手に信頼される立ち居振る舞いを練習してみましょう。

この練習の際は、模擬練習を動画で撮影しておいて、後から今から述べる項目に注目して確認した方がわかりやすいです。そして、可能であれば第三者に一緒に観てもらい、どう感じるかフィードバックをもらいましょう。

①**何も言わない時の表情・話す時の表情**：鏡に映る顔ではなく、話している途中の顔を見る必要があります。

②**声のトーン**：声の高さ・低さを確認します。高いと明るい感じですし、低いと落ち着いた感じになります。

研修の開始だけは、少し高めを意識します。

③**声のスピード**：スピードが速いと、受講者は内容についていけません。逆に、スピードが遅いと受講者が退屈で眠くなってしまいます。適度なスピードはNHKのアナウンサーと同じスピードだといわれています。

図11：立ち振る舞いチェックリスト

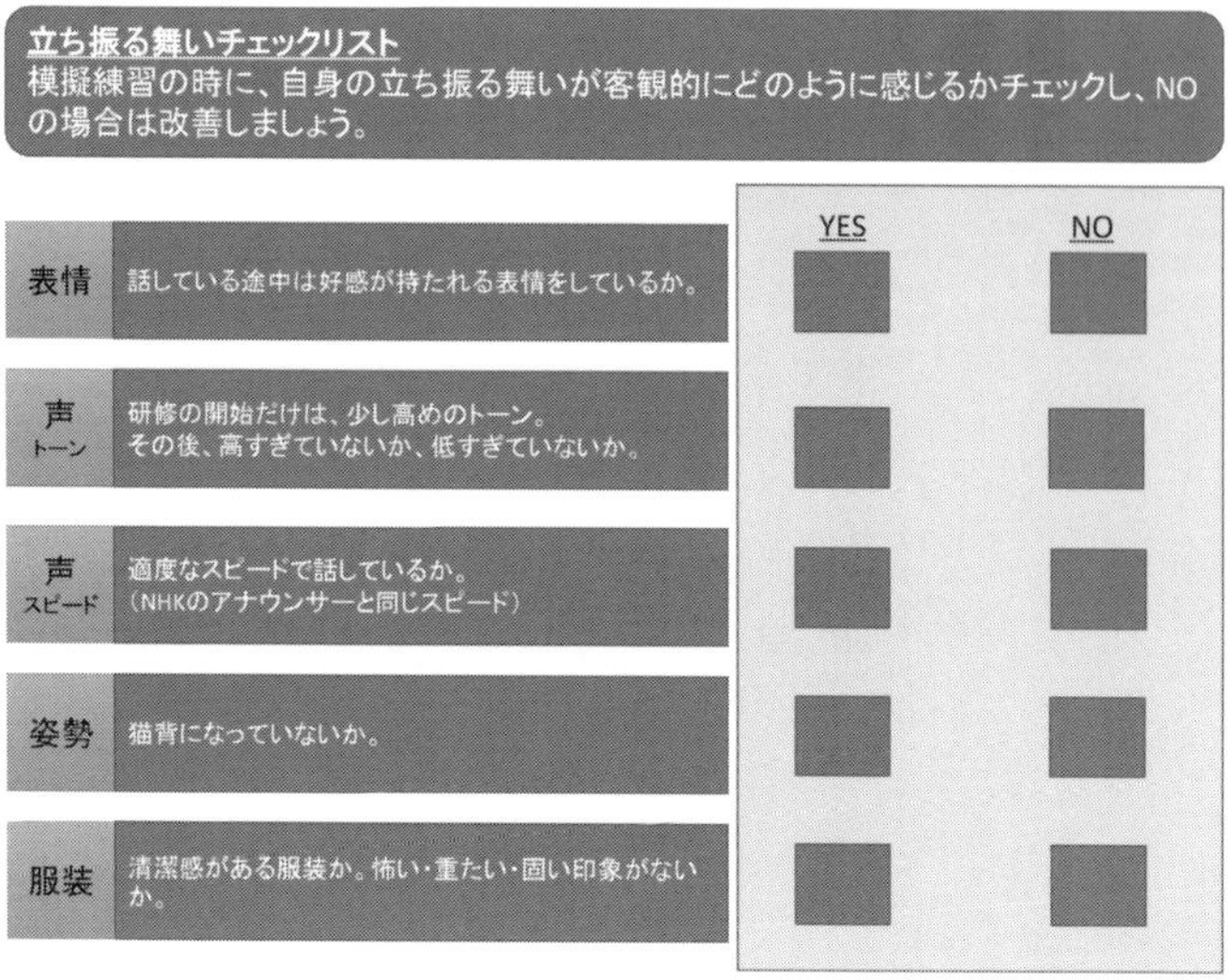
立ち振る舞いチェックリスト
模擬練習の時に、自身の立ち振る舞いが客観的にどのように感じるかチェックし、NOの場合は改善しましょう。
YES
NO
表情
話している途中は好感が持たれる表情をしているか。
声 トーン
研修の開始だけは、少し高めのトーン。
その後、高すぎていないか、低すぎていないか。
声 スピード
適度なスピードで話しているか。
（NHKのアナウンサーと同じスピード）
姿勢
猫背になっていないか。
服装
清潔感がある服装か。怖い・重たい・固い印象がないか。

④ **姿勢**：猫背になっていないか確認します。

⑤ **服装**：清潔感がある事は大前提です。

トップコンサルタントは黒色のスーツは着ていません。怖い・重たい・固い印象があるためです。ネイビーやライトグレーなど明るめの爽やかな印象のスーツを着るようにしています。

### (3) はじめの挨拶で好印象に

人は、出会った時の数秒でその人の印象を決めてしまい、その後、その印象を払拭することは難しいというメラビアンの法則説があります。研修のはじめの印象でも、受講者が研修の内容を信じて受け入れるか否かが決まってきます。

そのため、あいさつはどんな内容が良いの

かを考えます。コンサルタントは受講者に対して「研修をするだけの価値がある者です」と伝えなければいけないのです。その価値が分からないと、受講者も信頼して話を聞こうとは思いません。そうすると、研修の内容を伝えても受け入れてもらいにくいのです。

例えば、体調が悪くて病院に行ったとします。そこで、白衣も来ていない人から「顔色悪いですね。ちょっと脈を取らせてください」といきなり言われたら、お医者さんなのか分からない相手の対応に困りませんか？　病院で白衣を着ているから、医療関係者で診療するだけの価値がある人だと認識するので、診察・診断を受け入れるのですよね。

だからこそ、研修の初対面の際に「研修をするだけの価値ある者」と思ってもらえるような自己紹介をする必要があります。研修の内容に繋がる経験したエピソード・実績・思いを含めて300文字程度で自己紹介できるように準備しておきましょう。自身で挨拶してもいいですし、研修の司会進行からの紹介も効果的です。

クライアントのCFTの方が進行役でコンサルタントを紹介してくれるケースが多いですが、もう1つの方法として、クライアント会社での有名人やクライアントの業界での有名人などから「このコンサルタントは信頼できますよ」というビデオメッセージを作成してもらう方法もあります。

図12：文字起こしのイメージ

## (4) 模擬研修中に話す内容の文字起こしをする

模擬研修ではメッセージのブラッシュアップを徹底的にしていきます。動画で撮り、自分自身の伝え方を繰り返し反省、修正するのです

更に伝える内容と内容の繋がりや、まとまり感をチェックするために、文字起こしをしてみてください。今は、文字起こしアプリもありますので、録音すればすぐにでき上がります。文字で話している内容をチェックすると、内容の繋がりや、論理的に話しているのかが更に確認しやすくなりますよ。

## 研修を実施する――研修内で最短で伝わる関わり方

### (1) 研修当日の開始前

トップコンサルタントは、研修が始まる前に会場に入った受講者1人ずつに挨拶していました。研修前には準備もあり、受講者全員に100%挨拶することは場合によっては難しいですが、挨拶や、話ができるようであれば「この研修について、誰かから何か聞いていらっしゃいますか？」「今、お仕事はどのような状況ですか？」などと受講者の意識や状態を確認するようにしています。

### (2) 受講者のシェアワークや体験型ワークへの介入

意外と多くの講師やコンサルタントがやっていない事が、ワークへの介入です。という私も、以前は介入していませんでした。受講者同士が話しているのを、少し離れたところから聞いていたり、見守っていたり、または、研修の準備作業をしていたりする事が多かったのです。そして、ワークの後に受講者から発表してもらい、どんな内容か確認するようにしていました。

しかし、トップコンサルタントは、ワークへの介入を積極的にしています。全部のグループに入っていき、話の内容を全て聞いて、繰り広げられている情報を拾おうとしているのです。受講者同士で話をしている時には、積極的に質問もしています。そして、その話の内容を付箋にメモするのです。そこまでしなくても、ワークの後に発表してもらえば、話の内容を聞けるのではないかと思うかもしれませんね。

実は、受講者同士のワークでの発言内容と、全体への発表内容とは必ずしも同じではないのです。受講者同士のワークでは本音が出やすいですし、受講者の仕事の実情がドンドンと出てくるので、コンサルタントとしては現場の実情を把握する非常に良い情報収集の場なのです。しかし、いざ受講者に全体へ発表してもらうと、受講者は本音を消した内容で発表してしまう事があります。これでは、コンサルタントには実情が伝わってきません。

人は、少人数の中では本音を話しやすいですが、大人数の中だと本音ではなく、差しさわりない建前の話をしやすくなります。大人数の中で本音を出すと、誰がどう捉えるかに意識がいき、人から嫌われたり、拒否されたり、問題視されたりするのが怖いと感じてしまうのです。

だからこそ、トップコンサルタントは、実情という欲しい情報を取りに積極的にワークに介入しているのです。他の仕事でも、本音が入った実情を相手から聞きたい場合は、少人数の中で発言してもらいます。会議やミーティングや立ち話で使い分けてみてください。

## (3) アンケート

アンケートを実施する事で、受講者がどこまで理解して、どのように感じたかを把握できます。

図13：アンケート記入の進め方

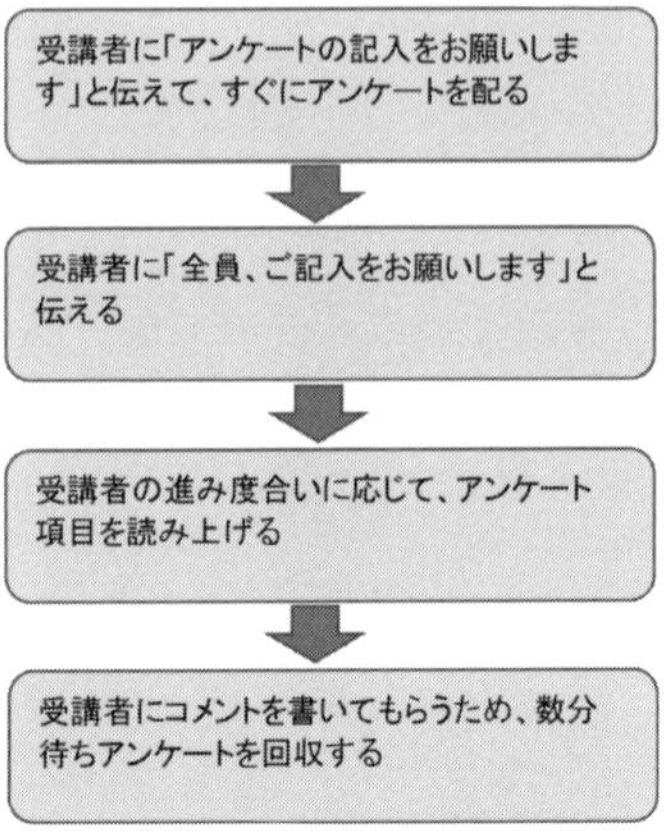
受講者に「アンケートの記入をお願いします」と伝えて、すぐにアンケートを配る
受講者に「全員、ご記入をお願いします」と伝える
受講者の進み度合いに応じて、アンケート項目を読み上げる
受講者にコメントを書いてもらうため、数分待ちアンケートを回収する

研修の感想・研修を受けて明日からやってみたい事・その他気づいた点などを書いてもらいます。

書いてもらうにも、ちょっとしたポイントがあります。全員が書くように進行していくのです。手順は、次の通りです。

① 研修の最後に、アンケートがある事を伝える
② 「全員ご記入お願いします」と案内する
③ 受講者の進み度合いに応じて、アンケート項目を読み上げる
④ 感想など、書くのに時間がかかる場合は、項目を読み上げた後に数分待つ

以上、このやり方であれば１００％近くの割合でアンケートにご記入いただけますし、研修を通して受講者に伝わったかどうかが把握できます。アンケートを、できる限り全員に書いてもらう工夫をして、受講者の

状況を把握するようにしていきましょう。

## 研修実施後の振り返りを行う

研修後には、当日中に振り返りをします。振り返りをすることで、これまで準備したメッセージなど、伝えたかった事が本当に伝わっていたのか確認することができます。想定外の反応だった場合は、何を改善していくのかまで考えていきます。

### (1) アンケートの整理

アンケートを受講者に書いてもらったら、すぐに収集して書かれている内容を確認します。アンケート内容にもよりますが、できればアンケート結果を分類します。

例えば、私たちは「受講内容が伝わっているか」「受講内容が伝わっていないか」「どちらか分からない」の3つに分類します。

「どちらか分からない」と分類する基準は、アンケートがチェック方式で全ての項目が最高に良いにチェックが入っていても、感想などの文章が書いていない時は「どちらか分からない」にします。その場合は、その受講者があまり考えずにチェックしている可能性が高いと判断しているからです。

### (2) 収集した情報の整理

次に、コンサルタントは研修内で収集した情報を整理していきます。そうすると新しい発見があります。

整理する方法についてご説明します。まず、研修中のワークに介入して収集した情報や、発表で分かった意見や状況を付箋に書き込んでいきます。テーブルでもホワイトボードでもいいので書いた付箋を並べます。そして、同じ内容が書かれている付箋を同じ分類にしていきます。

そうすると、受講者はどんな傾向があるのか、受講者は実情をどう感じているのか、受講者の背景や状況はどうなのかが分かるのです。

### (3) 受講者の反応の振り返り

その次に、感覚的でもいいので、コンサルタント側

図14：「顧客情報」のワークで受講者から出た意見の整理

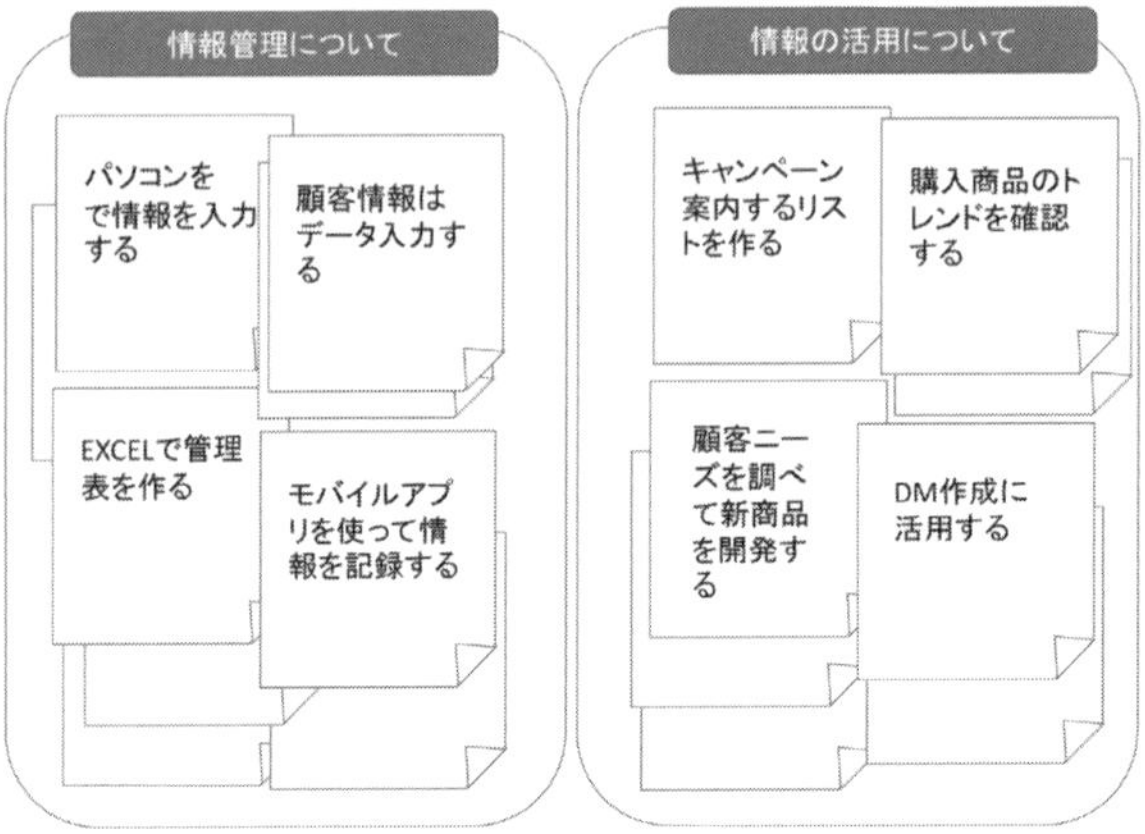
情報管理について
パソコンをで情報を入力する
顧客情報はデータ入力する
EXCELで管理表を作る
モバイルアプリを使って情報を記録する
情報の活用について
キャンペーン案内するリストを作る
購入商品のトレンドを確認する
顧客ニーズを調べて新商品を開発する
DM作成に活用する

で受講者の反応はどうだったのかを振り返ります。

受講者の反応で、メッセージを伝えても伝わった感覚がなければ、メッセージをブラッシュアップして、更に伝えていく方法を考えていきます。もし、自分では分からない場合は、研修をオブザーブしたクライアントのＤＭＵ・ＣＦＴの方などに、感想を聞いてみるのも１つです。

反応以外にも受講者の結果をみて、状況に応じてメッセージ・やり方を改善していきます。例えば、研修で「Ａという行動を研修が終了してすぐに行いましょう。行った結果上手くできたか否かを報告してください」と伝えたとします。報告結果をみて、30人中１人しか上手くできなかったといった場合は、改善していくのです。また、できる限りすぐに出る結果をリスト化しておき、どのような基準で改善が必要か決めておくことをお勧めします。

## (4) ＤＭＵ・ＣＦＴとの共有

アンケートの分類結果や、付箋を整理して分かった情報、コンサルタントが感じた受講者の反応は、ＤＭＵ・ＣＦＴと共有します。ＤＭＵ・ＣＦＴに共有する場合は、どんなに悪い意見が書かれていても、そのまま伝えるようにしましょう。

ＤＭＵ・ＣＦＴは、この情報を基にした、私たちコンサルタントとは違った観点で感想や改善策を言ってくれます。その中で、引き続き研修が必要なのか、もしくは、コンサルティングでフォローしていくのかを一緒に考える事ができるのです。

## (5) もう1度伝える

伝わっていない事が分かると、更に伝える方法を考えます。人は大量の情報を1度に処理できません。研修では大量の情報を受講者に伝えています。そのため、1度伝えただけでは、受講者は覚えていなかったり、違う解釈として聞いていたりします。ですが、大事な情報は覚えてもらわないといけないですし、違う解釈で受け止められると困るのです。

実は、人が違う解釈で受け取ってしまうのは、相手の背景や状況が原因の1つです。振り返りで得た受講者の背景や状況を考慮して、解釈を修正するために再度伝える方法を探ります。

間違った解釈で受け止めて欲しくない情報や、必ず覚えて欲しい情報であれば3回は相手に伝えるようにしましょう。すぐに受講者に話せる場合は直接伝えても良いですし、DMU・CFTから伝えてもらってもいいです。もちろん、資料などで見える化して渡す方法も有効です。

# 第4章

# インパクトを持って関係者を巻き込む

２つ目のスキルは、「インパクトを持って関係者を巻き込む」について、どのように身に付けていくかを取り上げていきます。私は、はじめてこの言葉を聞いた時に、はっきりとどのようなことかは分かりませんでした。

皆さんにはまず、どういうスキルなのか理解してほしいのです。

インパクトという意味は、強い衝撃や印象。ここでの意味は、相手に良い意味で強い影響があるという印象を持ってもらう事です。巻き込むという意味は、紛争や喧嘩などに引き入れるような悪いイメージですが、一緒に頑張って仲間になってもらう事だと考えてください。

つまり、相手から、あなたが良い意味で強く影響がある人物だと思ってもらい、共に同じ方向に向かう仲間になってもらうスキルです。

このスキルは研修を通して、どのように身に付けるかを説明していきますが、あなたがどのような仕事であれ、使えるスキルです。同じ職場の部下や顧客や業務提携先など、人を巻き込んで共に何かを進めていく時があるでしょう。その場面で、どのようにスキルを発揮するのかを想定しながら読んでみてください。

# 発言を端的に絞る

同じ内容を話す場合でも、長い文章を話している場合と短い文章を話している場合、どちらの方がインパクトが強い話でしょうか。答えは、話す文章が短い方です。

トップコンサルタントが話す時には、「一文を短く、句読点を意識」して話すようにしています。話している内容の一文一文が非常に短く、「～です。」「～ます。」と句読点を意識した話し方なのです。

話す内容の一文一文が長いと、結局何を言いたいのか論点がぼやけたり、退屈すぎて聞かない人も出てきます。だからこそ、話す時には一文一文を短く句読点を意識して話す事で、論点が分かりやすく話の内容にインパクトが出せるのです。また、一文一文を短くするために、活用してもらいたいのは接続詞です。「つまり」「しかし」「そして」「それでは」「ところで」など様々な接続詞を使い分けると、一文と一文との繋がりが明確で、非常に説得力が高まります。

研修では、より意識して多くの接続詞を使い分けます。「さて」「つまり」「それでは」など使う事で、注目を集めたり、話の展開が変わった事を伝えたり、その場の雰囲気を変える事もできます。仕事での会議やプレゼンなど、あなたが主導して多くの人たちに説明や説得して影響力を発揮する際は、一文一文を短くし、接続詞を活用してみてください。

### 図 15：発言の良し悪しを比較

**悪い文例**

我々から商品の事を何も話さずに、お客様の方から購入したいと思ってもらえると一番良いのですが、そのようなセールス方法を、知らなかったり、なかなか難しいと感じていて、実際に出来ていない人が社内には多いと聞いていて、私は、売上を上げるためにも今後は営業のやり方を変えていく事が課題だと認識しています。

このような現状のセールスの課題を解決するために、様々な方法がありますが、今回お伝えするのはお客様の状況とニーズを把握して、お客様から購入したいと思ってもらえるセールス方法について説明していきたいと思います。

**良い文例**

今回は、セールス方法について説明します。

なぜなら、我社では商品の説明を苦労して伝えている割に、成約率が低い状況で、セールスに課題があると考えているからです。

つまり、今までのやり方を変えて、お客様から購入したいと思ってもらい、成約率を高めて売上を上げていく方法が我々に必要なのです。

そのため、お客様の状況とニーズを把握して、購入の動機付けをする最も効果的なセールス方法を説明します。

なかなかすぐには使えないと言う人は、まず最初は話したい事を文字で書いてみて見える化し、文章を読む事からはじめてみてください。書く・話すを繰り返すうちに短い文章で分かりやすく、インパクトが出せるようになります。「スキルを継続的に改善しようとする意識」を持って練習していきましょう。

## 指導はシンプルにする

ここで説明する「指導はシンプル」というのは、前章の「コンテンツで伝えるメッセージを決め時にシンプルに伝える」という場合とは違います。相手に叱咤・指導・注意する場合など、フィードバックする時には特に最初のメッセージをシンプルにするのです。

トップコンサルタントが私たちに指導や注意する場合は、一言で非常にシンプルでした。現に起こっている事象について「ここが間違いです」「ここが欠点です」「これは不成功」などとシンプルに伝えるのです。

相手にフィードバックする時に、相手の気持ちを推し量り自身の感情を合わせて、多くの言葉で叱咤・注意する人もいますが、受け手は嫌気がさしてしまうものです。案外、シンプルに事象に絞った事だけを伝えると、受け手側には分かりやすく納得感があるのです。

そして、シンプルなだけに、受け手側はもらった言葉を意識して長く覚えています。つまり、意識して記憶に残す事で改善へと繋がりやすくなるのです。

研修の場面で、どうしてもフィードバックしないといけないという場合は、最初はシンプルに伝えてみてください。また、受講者からフィードバックを求められた場合も同様に、最初はシンプルに伝えてみてください。

もちろん、シンプルに伝えた後は、相手に「あなたはどう考えている？」と相手の考えを聞いた上で、相手に合った改善方法を一緒に考えて伝えてくださいね。

仕事の場面でも、部下を指導する場合は、起こっている事象だけを取り上げて最初の言葉はシンプルに、「ここが課題です」と伝えてみましょう。そして、相手の考えを聞き、解決方法を一緒に考えて見つけていきましょう。

## 打ち合わせの進行をする

研修の前後にクライアントのＤＭＵ・ＣＦＴの方々と研修に開催に対する会議やミーティングをする際は、コンサルタントが主導して進行します。冒頭では、毎回「目的・目標」を再確認していきます。研修を行って社内を改善する目的は何なのか。最終目標に向けて研修をどうしていくのかを確認するのです。そして、会議やミーティングをする目的は何なのか。それぞれを明確にしておくのです。つまり、クライアントにコンサルティングや研修の意味付けを毎回確認してもらう事がポイントです。

実施している事に意味を持たせる事は「インパクトを持って巻き込む事」ができる大切なスキルです。昔から、哲学者や教育者に強い影響力がある理由は、様々な事に意味付けをして発信しているからなのです。

また、コンサルタントは率先して物事を進めるようにリーダーシップを取りながら、「○○さんはどう思いますか?」とクライアントの全員から意見を引き出すようにしてみてください。

会議やミーティングでクライアントが進行し、コンサルタントがサポートする立場になると、どうしてもインパクトに欠けてしまい巻き込み力が弱い存在になってしまいます。また、クライアント社内メンバーが主体となって会議・ミーティングしてしまうと発言するのが決まった人ばかりになったり、声が大きい人の意見ばかりになりやすいです。全員から率直な意見を引き出せると、全員が自身の考えをまとめられ、研修に向けてコミットしてもらえやすくなります。つまり、DMU・CFTの方々を巻き込み、共に会社を良くしていく仲間として仕事ができるのです。

コンサルタントは、進行のみならず会議やミーティングの次第・資料なども用意しておきます。

研修前～研修実施～研修後の全過程において会議やミーティングで何を考えて・決めていくのかをまとめた、全過程の進行表を作成しておくと、会議やミーティングが終了した際に、次回は何を考えて決めていくのか分かるため、クライアントが次回までに考えを整理したり、調査することができます。コンサルタントは全過程で何が必要なのかを想定しておき、仮でいいので落としどころを考えておきます。クライアントの意見と落としどころを合わせて、「何が最も良いのか」という観点から会議やミーティングをまとめていきます。

図 16：全工程の進行概要

## 例：全行程の進行概要

| | 討議項目 | | 討議項目 |
|---|---|---|---|
| 第1回 1時間 | ・ミーティングの運営方法・役割の確認<br>・研修①の状況共有<br>・ガイドライン設定 | 第7回 1時間 | ・研修⑤の状況共有<br>・状況確認した際の好事例共有／課題・打ち手検討<br>・研修後引き継ぎの流れ |
| 第2回 1時間 | ・研修②の状況共有<br>・システムの準備<br>・各種ツールの説明 | 第8回 1時間 | ・状況確認した際の好事例共有／課題・打ち手検討<br>・研修後勉強会の準備状況確認<br>・中間報告会の概要確認 |
| 第3回 1時間 | ・システムの状況共有<br>・研修後状況確認の準備 | 第9回 1時間 | ・状況確認した際の好事例共有／課題・打ち手検討<br>・研修後勉強会の実施状況共有<br>・役員会議に向けた準備 |
| 第4回 1時間 | ・状況確認した際の好事例共有／課題・打ち手検討<br>・研修後勉強会の説明 | 第10回 1時間 | ・状況確認した際の好事例共有／課題・打ち手検討<br>・役員会議の最終確認 |
| 第5回 1時間 | ・研修③の状況共有<br>・状況確認した際の好事例共有／課題・打ち手検討<br>・研修後勉強会主催先の選定<br>・研修活用ツールの状況確認 | 第11回 1時間 | ・状況確認した際の好事例共有／課題・打ち手検討<br>・全研修後の動き方<br>・役員会議の実施後共有 |
| 第6回 1時間 | ・研修④の状況共有<br>・現状確認した際の好事例共有／課題・打ち手検討<br>・中間インタビューの説明<br>・中間報告会の準備 | 第12回 1時間 | ・状況確認した際の好事例共有／課題・打ち手検討<br>・全研修後の動き方共有<br>・今後の改善案 |

図 17：ミーティングでの意識するポイント

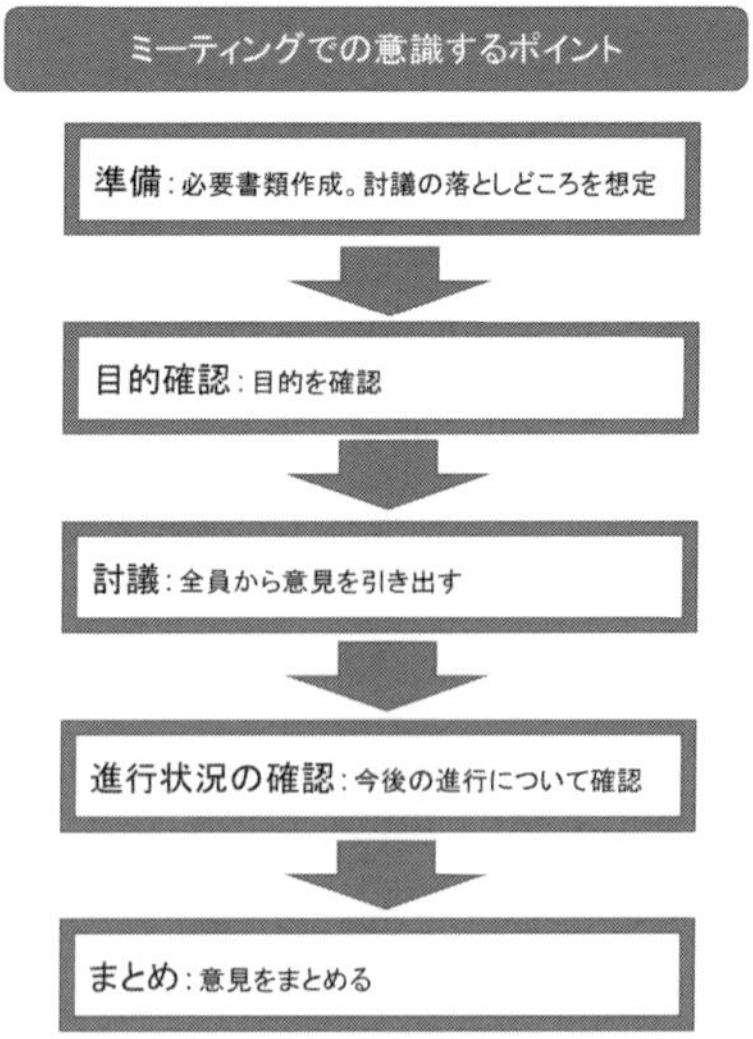
ミーティングでの意識するポイント
準備：必要書類作成。討議の落としどころを想定
目的確認：目的を確認
討議：全員から意見を引き出す
進行状況の確認：今後の進行について確認
まとめ：意見をまとめる

他の仕事でも、会議やミーティングを実施する際は、このような点を意識してみてください。

①　準備（次第や全過程の進行表作成、落としどころの想定）
②　目的を確認
③　全員から意見を引き出す
④　全過程の進行表を確認する
⑤　意見をまとめる

## DMU・CFTとの対面の頻度

会議やミーティングでも、DMU・CFTの方々と関わり、意見を交わす事で信頼度が高まり、巻き込みやすくなります。ですが、それだけでは、仲間意識の醸成には至らないケースも度々あるのです。

DMU・CFTの方々は、コンサルティングや研修をする上では、非常に重要なパートナーであり仲間なのです。そのため、DMU・CFTの方々との関係性構築は必要不可欠。

では、どうすればいいのでしょうか。

関係構築のためには、会議やミーティング以外での接触頻度を上げるようにしていきます。例えば、会議やミーティングとは別の用事でクライアント先に伺った時に、少しだけ挨拶をする、SNSなどのアプリなどを使って直接連絡が取れるようにする、ランチをご一緒する、など接触の頻度を上げる方法は様々ですので、状況に応じて機会を作り出すようにしていきましょう。

顔を合わす機会を増やす事で好感度が4倍にも高くなる効果があると、心理学の単純接触効果で提唱されています。

コンサルタントだけではなく、仕事を共にするパートナーや、顧客との信頼関係を築くためにも、同じく接触の頻度を高める工夫をして巻き込んでいきましょう。

## 数値で示す

さあ、あなたに質問です。あなたがAさんとBさんの2人と仕事上の大切な話をしたとします。そこで、あなたは2人にアドバイスをしてほしいと求めました。Aさんは、今までの経験や社会の流れなどから説得力のあるアドバイスをしました。Bさんは、お世辞にも説得力があるとは言えない、個人の考えに基づいただけの話をしました。あなたは、どちらのアドバイスを信頼して受け入れますか？　多くの方は、説得力のあるAさんを信頼するのではないでしょうか。説得力

### 図 18：数値加工

**加工後**

| コード | 支店名 | 担当人数 A | 対象者数 B | 1人当たり B/A | 商品A | 商品B | 商品C |
|---|---|---|---|---|---|---|---|
| 140 | 北海道 | 3 | 1,271 | 424 | 588 | 325 | 358 |
| 141 | 宮城 | 2 | 953 | 477 | 531 | 206 | 216 |
| 142 | 秋田 | 2 | 610 | 305 | 305 | 143 | 162 |
| 143 | 福島 | 2 | 748 | 374 | 345 | 826 | 1005 |
| 144 | 茨城 | 3 | 1,121 | 374 | 1153 | 875 | 338 |
| 145 | 栃木 | 1 | 447 | 447 | 211 | 120 | 116 |
| 160 | 埼玉 | 2 | 466 | 233 | 197 | 118 | 151 |
| 180 | 東京 | 6 | 2,574 | 429 | 1260 | 624 | 690 |
| 240 | 神奈川 | 4 | 1,681 | 420 | 830 | 411 | 440 |
| 合計 | | | 9,871 | | 5,420 | 3,648 | 3,476 |

**茨城**：商品A **3件**・商品B **2.3件**
**東京**：商品A **2.9件**・商品B **1.4件** 成約/一人当たり

**加工前**

| コード | 支店名 | 担当人数 A | 対象者数 B | 1人当たり B/A | 商品A | 商品B | 商品C |
|---|---|---|---|---|---|---|---|
| 140 | 北海道 | 3 | 1,271 | 424 | 588 | 325 | 358 |
| 141 | 宮城 | 2 | 953 | 477 | 531 | 206 | 216 |
| 142 | 秋田 | 2 | 610 | 305 | 305 | 143 | 162 |
| 143 | 福島 | 2 | 748 | 374 | 345 | 826 | 1005 |
| 144 | 茨城 | 3 | 1,121 | 374 | 1153 | 875 | 338 |
| 145 | 栃木 | 1 | 447 | 447 | 211 | 120 | 116 |
| 160 | 埼玉 | 2 | 466 | 233 | 197 | 118 | 151 |
| 180 | 東京 | 6 | 2,574 | 429 | 1260 | 624 | 690 |
| 240 | 神奈川 | 4 | 1,681 | 420 | 830 | 411 | 440 |
| 合計 | | | 9,871 | | 5,420 | 3,648 | 3,476 |

と信頼は、かなり強い関係にあります。

つまり、コンサルタントはクライアントに説得力のある話や情報を提供しないといけないのです。

説得力を高める方法の1つに、数値で示す事があげられます。私たちはクライアントにとって役立つ情報を、できる限り数値化して提供していきます。また、数値化したものをグラフや表などで、資料に載せる場合は、相手が見やすいように加工しています。見やすい加工がなければ、数値が羅列されるだけの情報になりがちで、相手は何が必要な情報なのか分かりにくくなるため注意が必要です。例えば、確認して欲しい数値だけを強調して色を変えるなど、分かりやすく加工します。研修でも数値で話す事を意識しています。例えば、受講者に多くの情報を説明する際に「資料に書いてある多くのマーケティング改善方法に注目してください」と伝えるのと、「資料に書いてあるマーケティング改善方法の3つのポイントに注目してください」と伝えるのでは、後者が優れていると言えます。『3つ』と入れるだけでインパクトが高まり、受講者の記憶に残ります。

人間の脳が楽に思い出せるのは3～4項目という研究結果もあります。そのため、『3つのポイント』と聞くと覚えやすいと感じるのです。更に、コピーライティングではインパクトを感じるのは奇数という結果があり、奇数数値を効果的に使っています。

「インパクトを持って巻き込む」ために数値を意識した説得力ある伝え方と資料や情報を提供しましょう。

## DMU・CFTへオブザーブを依頼する

クライアント全員が研修への本気度・コミットを高めるために、私たちがやってきた事があります。それが、DMU・CFTの方々に研修のオブザーブをしてもらう事です。

企業内研修で、1日を通して管理職や一般社員の研修に参加してもらいますが、その研修に一般的にはDMU・CFTの方々がオブザーブする事は、あまり多くはないと思います。ですが、オブザーブする事で、ＤＭＵ・ＣＦＴも「この研修には非常に関心を持ち、コミットしている」と受講者に姿勢で伝える事になります。受講者は、ＤＭＵ・ＣＦＴの方々が研修にコミットしている事を感知すると、自分たちも「関心を持ち研修にコミットしないといけないのだな」と思ってくれます。

そう思ってくれるだけでも、受講者の研修への取組意識が変わり、受講者を巻き込んでいきやすくなるわけです。

同時に、ＤＭＵ・ＣＦＴの方々が研修を実際に目にする事で、ＤＭＵ・ＣＦＴの方々のコンサルティングや研修への取組意識も変わっていき、巻き込んでいけます。こういった効果を期待して、ＤＭＵ・ＣＦＴの方々へは研修に必ずオブザーブするよう依頼をかけます。ただ、どうしても参加できないという場合は、後日、受講者のアンケートの感想と共に、コンサルタント側の所感を報告する機会を作らせてもらいます。前向きに参加した受講者の様子なども伝えて、ＤＭＵ・ＣＦＴの方々に受講者に対してフィードバックしてほしいと依頼するのです。

ＤＭＵ・ＣＦＴの方々からフィードバックしてもらうというのは、会議やミーティングなどで受講者に対して「○○さん、この間の研修では積極的にアイデアを発言していたと聞いたよ。活躍を期待しているよ」と伝えてもらっているのです。その事で、受講者がＤＭＵ・ＣＦＴの方々も研修に関心を持っているのだと認識するわけです。

あなたの仕事でも、応用できる場面はありませんか。例えば、管理職や一般社員だけやっているイベントやプロジェクトなどに、少しの時間だけでもトップに参加してもらうのです。あなたがトップの立場であれば、社員のやっているイベントやプロジェクトなどに少しの時間でもいいので関心を持ち、参加したり労ったりするだけでも、社員の心を巻き込めるようになるのです。それだけでも、全員の意識が変わったりします。

## 挨拶をDMU・CFTに依頼する

研修の冒頭には、DMU・CFTの方々からの挨拶や進行をお願いしています。冒頭に挨拶・進行してもらう目的は、クライアント会社の戦略の1つとしてこの研修が必要だと全員に認識してもらう事です。

クライアント会社の経営戦略があり、戦略の1つとして人事戦略があります。人事戦略は大きく分けると採用・教育・マネジメント・システム。教育・マネジメントを強化するために、研修は行うのです。戦略を成功させるためには、戦略に責任を持つDMU・CFTが自ら本気で取り組んでいると伝えてもらうことが重要なのです。残念ながら、コンサルタントはこの役割を代える事はできません。そのため、挨拶だけはお願いしています。

事前に、DMU・CFTの方々に依頼をしておきます。時々、嫌がる方々もいらっしゃいますし、いつも研修は講師にお願いしているので…と断られる場合もあります。その時は、先ほど書いた目的を伝えて挨拶の重要性を認識してもらいます。

組織や人を巻き込むためには、そこに責任のある人・影響力の高い人を必ず巻き込まないと上手くいきません。そのためには、その人たちに発言してもらう機会を作る事がポイントです。

## 始まりの挨拶を考える

研修の挨拶をDMU・CFTの方々に依頼したら、次は挨拶の内容を考えます。実は、研修で挨拶をする目的を説明し納得してもらっても、「この研修内容を習得し実践するのは、組織にとって必要不可欠」というような事を伝えてくれない場合があります。

何のために研修をするのかをDMU・CFTの方々から話してもらわないと、挨拶の目的は果たされないのです。受講者も「まあ、研修を適当に受けるだけでいいだろう」程度にしか思わず、実践でも活かしません。そうなると、コンサルタントは、クライアント会社全員を巻き込める可能性が低くなるのです。

では、どうやってDMU・CFTの方々に挨拶してもらうのか。答えは、挨拶の内容を一緒に決めていくのです。話し合って決めると時間と手間がかかり過ぎるので、コンサルタントでサン

### 図 19：挨拶（例）

| ポイント | |
|---|---|
| ①受講者に対する感謝 | 皆様、日頃からありがとうございます。<br><br>毎日、社員全員が頑張って取り組んでいる姿を見て、私の方が励まされている気持ちです。心から感謝致します。 |
| ②事業戦略の背景 | 今日から、約6か月間、研修プログラムを実施していきます。 |
| ③事業戦略にとって研修の重要性 | この取り組みは、我々にとって非常に重要な事業戦略に繋がると確信しています。<br><br>A事業部は、2年前の合併から共通のシステムに移行するために努力しておりますが、未だ移行が完了しておらず、新商品の展開さえ出来ていない状況です。<br><br>この現状を打破するために、今回のプログラム導入に力を入れていきたいと思います。今後は、共通のシステムで一貫したサービスを提供し、多くのお客様から、商品とサービスを通して我社を信頼してもらえる会社にしていきたいと考えています。 |
| ④受講者への期待 | 今回導入した研修プログラムは、数多くの実績があり、大きな成果もあげています。我々役員も含めて、我々が一丸となって本気で取り組み、我社でも必ず成功させていきたいと思っています。 |
| ⑤今後の活用 | 最後に、このプログラムを通じて学んだことは、無駄にせず、この研修期間だけでなく、研修後も続行していきたいと考えています。宜しくお願いします。 |

プルを用意しておくとスムーズに挨拶内容が決められます。私たちが用意したサンプルは次のような構成で作っていました。

① 受講者の日頃の頑張りに対する感謝の言葉
② 事業戦略の背景
③ 事業戦略にとって研修の重要性
④ 受講者への期待
⑤ 期待に向かって、研修をどのように活用してほしいか

この構成で作り、必ず伝えて欲しいキーワードがあれば、そのキーワードも含めた挨拶文を作っていきます。そして、DMU・CFTの方々と挨拶文を一緒に作るのは、受講者に影響するだけではなく、DMU・CFTの方々への意識を変える事にも繋がります。研修の内容を理解

し、研修への期待が高まる上に、研修を必ず成功させないといけないという意識付けに繋がるのです。

## 『3秒ルール』

世の中には、色々な3秒ルールがありますよね。「第一印象は3秒で決まる」などや「落とした物は3秒以内に拾えば汚くない」といった面白い3秒ルールをよく耳にします。では、今回お伝えしたい3秒ルールとはどのようなものなのか？　それは、「間」の3秒ルールです。「間」とは、クライアントとコンサルタントとの対話の「間」です。

コンサルタントは、課題について改善や解決を議論していく事も仕事。また、クライアントとの円滑なコミュニケーションも必要。そのため、議論を通した円滑な対話は重要なのです。

お伝えしたいのは、対話の中で、相手の言葉に対応する「間」には3秒とって欲しいのです。相手の言葉に「間」を置かずに被せて話し出すと、相手は不快感を覚えて円滑なコミュニケーションができなくなります。逆に、相手の言葉に「間」を取り過ぎると、相手はコンサルタント問題解決能力に疑問を持ってしまうのです。

その丁度良い「間」が3秒です。少しの「間」があると言葉の重みも違って感じます。これは、仕事だけではなく様々な場面で使えます。対話の中では、円滑なコミュニケーションと信頼関係向上のため3秒ルールを活用してみてください。

## 全員の名前を覚える

トップコンサルタントの方々に驚いた事は、クライアントの名前を覚えている事です。研修が100名以上になっても、名前を覚えているのです。

実は、私も最初はできませんでした。多くの名前をすぐには覚えきれなかったのです。トップコンサルタントの方々はどうやって覚えているのでしょうか。

ある時、トップコンサルタントに教えてもらった事があります。「研修で発表した事を誰がどんな発言をしたのかを全部メモにとってみましょう」と教えてもらったのです。1人ひとりの発言やエピソードを、ちゃんとメモに取って名前と繋げて覚えていくというのです。コンサルタントに求められるマインドの1つ「フィードバックを受け入れる意識」を持って何度も繰り返して、覚えられるようにしていきました。

方法は簡単で、研修のはじめに受講者の座席表を作成して、役職・職種などを覚えます。次に、その座席表に発表した事や研修で起こった出来事をメモするのです。かなり、地道な努力ですが、

## 図 20：名前を覚える

品川
①
東京
神保
横浜
永田
②
神田
赤坂
白金
高輪
③
高田
三田
馬場
芝浦
④
台場
大久保
佐久間

| グループ | 氏名 | 役職 | 職種 | 発表① | 発表② | 発表③ | その他 |
|---|---|---|---|---|---|---|---|
| ① | 品川 | 課長 | 管理 | マネジメントが何か分かるようになった | 売上2千万だけの目標ではない | 全てを保証できるように体制を作った | 6時起床し、勉強している |
| | 神保 | | 企画 | …… | …… | …… | |
| | 東京 | 係長 | 営業 | …… | …… | …… | 先日新車購入した |
| | 横浜 | | 営業 | …… | …… | …… | |
| ② | 永田 | | 営業 | …… | …… | …… | プロ野球ファン |
| | 赤坂 | 係長 | 人事 | …… | …… | …… | |
| | 神田 | | 研究 | …… | …… | …… | |
| | 白金 | B所長 | 管理 | …… | …… | …… | |
| ③ | 高輪 | | 営業 | …… | …… | …… | |
| | 三田 | A所長 | 管理 | …… | …… | …… | ラグビーファン |
| | 高田 | | 人事 | …… | …… | …… | |
| | 馬場 | 課長 | 研究 | …… | …… | …… | |
| ④ | 芝浦 | | 営業 | …… | …… | …… | |
| | 大久保 | 課長 | 研究 | …… | …… | …… | |
| | 台場 | | 企画 | …… | …… | …… | 来月結婚 |
| | 佐久間 | 係長 | 人事 | …… | …… | …… | |

覚えきれない人はまずはやってみてください。それを繰り返すうちに、人の名前とエピソードが頭で覚えられるようになります。

ここで気になることは、名前を覚えたからって、何故「インパクトを持って巻き込む」スキルが発揮されるのかということです。

答えは、名前を呼ぶ事で相手に強い衝撃と印象を与えるからです。大勢の中の１人ではなく、自分の存在を覚えてもらえたという事で、相手からの親近感や信頼感が高まります。研修中だけではなく、休憩中や通路ですれ違う時にも「○○さん、先ほどの発表ありがとうございました」と声を掛けるだけでも、受講者の方々を巻き込める可能性が高まるのです。

## 席配置を決める

トップコンサルタントから教えてもらった事で、「そこまで繊細な事をしているのか」と思ったのが席の配置です。

席の配置は、度重なる情報収集で決めています。なぜ、そこまでするのかですが、席の配置次第で、受講者の発言量や気づきの度合いが違って成功の良し悪しが決まるのです。

特にクライアントの企業研修では、受講者同士に複雑な関係性が発生しています。役職、入社時期、職種、声が大きい人、大人しい人…などパワーバランスもあって複雑な関係性があり、その関係性の中で期待される範囲内で仕事を進めています。その関係性の延長線上で研修も実施されるので、組み合わせによっては、「発言しない」「発言できない」などの心理が働いて、学びや気づきの悪影響になってしまう可能性があります。

例えば、仕事に対して後向きな感情を持っている先輩と大人しい後輩3人がグループの場合、シェアワークは活発になるでしょうか。答えは、NOです。活発になるどころか、後向きの意見が受講者間で交わされます。更には、後向きの意見が受講者全体に広がると、今度は研修の内容を受け入れる事さえしてもらえなくなるのです。最悪の場合は、受講者が帰ったりします。そうなると、コンサルタントはインパクトを持って巻き込む事が難しくなるのです。

図21：席配置

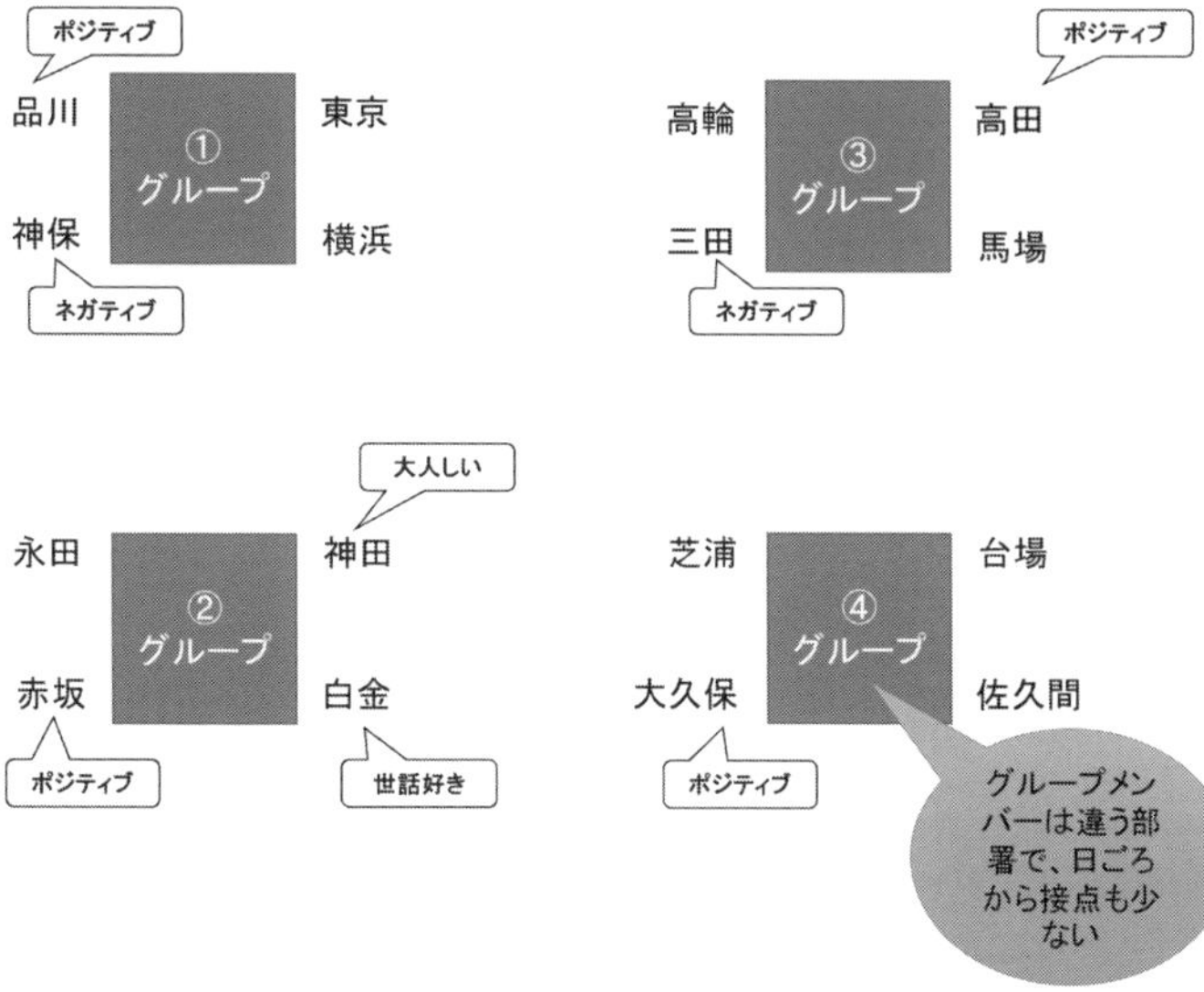


それを防ぐための方法の1つが、席の配置です。研修の際に行うワークを想定して、どのグループにも1名は仕事や研修に対してポジティブな感情を持ってくれる人物を配置します。また、グループメンバーで同期同士のメンバーでは、研修以外の話になって集中できない場合もありますので、近すぎる関係は離して配置します。大人しい人の隣には世話好きの人物を配置するといった具合です。

では、この人たちの関係性をどうやってコンサルタントは知るのか。やはり、クライアントの人たちのインタビューを実施する事や、DMU・CFTの方々との度重なる情報交換をする事で人間関係や人物特性に関わる情報を収集していくのです。時には配置が上手くできずに、発言が活発にならないグループ配置になったりします。その場合は、研修途中で席替えをする場合もあるのです。それほど、席配置は研修の成功を決める要素の1つでもあります。

研修のみならず、人の配属や組み合わせは、その仕事のスピードや生産性や成果にも非常に影響しますよね。

## 複数の専門家で対応する

研修を実施する時にインパクトを出す方法の1つとして、複数の専門家で登壇する方法もあります。もし、あなたが研修を実施する時に、研修内容の中で専門家の仲間が集められるようであれば、1度検討してみてください。

複数の専門家と研修を実施するメリットは、3つです。

1つ目のメリットは、受講者にとって、専門家それぞれの視点で情報が聞けるところです。コンサルタント1人が様々な視点から伝えるのとは、受講者側の、受け止め方や価値が違うのです。例えば、飲食店で、「当店は、中華も和食もイタリアンもフレンチもありますよ」と伝えらえると、1つ1つの料理に専門性がないものと思って価値が低く感じられます。一方、「当店は、和食の海鮮料理専門店です」というお店だと、1つひとつの料理にこだわっていると感じて、価値が高く思えませんか。このように、1人が総合的に伝えるのと、専門家がそれぞれ得意な事を伝えるのとでは、その情報に対する価値にも違いが出るのです。

2つ目のメリットは、様々な専門家を巻き込める能力をコンサルタント自らも持っていると示すことになるので、専門家と連携して研修をしているあなたの能力も、受講者からは「人を巻き込める影響ある人」と評価されるのです。

3つ目のメリットは、受講者を飽きさせない事です。1人のコンサルタントで長時間話していると、受講者も眠くなってきますが、複数のコンサルタントが交替して話す事で、受講者は飽きずに、話を聞いてくれます。

この事は、様々な仕事の場面でも同じ事が言えます。プレゼンでも、発表者を内容ごとに詳しい知識や経験を持っている人たちで実施すると、プレゼンの説得力が高まります。

## 研修はじめにアイスブレイクを行う

研修のはじめに、時間を急ぐあまり挨拶や自己紹介をして、すぐに研修の中身に入る場合がありますよね。その場合は、受講者をすぐに「インパクトを持って巻き込む」というよりは、研修で時間が経つと共に徐々に巻き込んでいくようにしていかなければなりません。

受講者が、はじめから「このコンサルタントの話を聞きたい」という意思を持って参加する場合は、すでに受講者にインパクトを与えていて、巻き込める状況ですので、それでもいいでしょう。ですが、企業研修の場合は、受講者自ら受けたいという意思がなくて参加している人もいらっしゃいます。その時は、研修のはじめに「このコンサルタント面白いな」「この研修は少し楽しそうだな」と思ってもらえた方が、早いうちから巻き込みやすくなります。そのため、研修のはじめにアイスブレイクを入れて、受講者の心を解きほぐし、受講者にインパクトを与えて巻き込む事がポイントとなってきます。

間違ってほしくないのは、ただ単にアイスブレイクをして心を解きほぐせばいいという事ではありません。アイスブレイクを通して研修のテーマに共通するメタファーにするのです。

どういう事かというと、アイスブレイクをやる事で心を解きほぐし、その後、アイスブレイクの落としどころと研修で掴んでいただきたいメッセージポイントとを繋げるのです。つまり、アイスブレイクで受講者に「気づき」を持ってもらうのです。ここで注意してほしいことが、アイスブレイクの落としどころは受講者がイメージしやすいものでなくては、強いインパクトは生まれません。

「落としどころ」と「受講者がハッとする研修の掴みどころ」を繋げる事が大事なのです。そのため、私は様々な種類のアイスブレイクを自身のネタとして持っておくように努めています。

私が、このアイスブレイクの重要性に気づいたのは、管理職にマネジメント研修をした時でした。その時のアイスブレイクでは、「折り紙ゲーム」をしました。まずは折り紙を使って、折り方の分かりにくい指示を管理職に出すと、管理職は、「そんなのできないよ」と笑いながら言っていました。次に分かりやすい指示を出すと、管理職の方は「はじめから、このやり方を教えてよ」と言ってくれたので、そこで、私から落としどころを伝えたのです。「指示の伝え方やフォロー次第で、人は混乱したり、やる気を無くしたりしますよね。皆さんは、職場でどういった指示の仕方をしていますか」と問いかけて、マネジメントの落としどころとして「この研修は、部下の状況に合わせた指示の仕方がいかに重要なのかに気づいてもらい、部下のやる気を引き出す事を学んでいただきたいのです」と伝えました。

数日後、管理職の1人から、「いつも、部下に仕事を依頼する時に、あのゲームを思い出しているのですよ。あの時にハッと思ったのです」と言われました。数ヶ月経って、違う管理職の1人からも同じような事を言っていただきました。その数日後にも、研修のオブザーブに来ていた役員から、「研修の時のゲームは、白井さんが本当に管理職とは何かを熟知していると一瞬で分かったわ」と言っていただけました。

それほど、アイスブレイクの衝撃は非常に強いのです。

アイスブレイクのように相手の心を解きほぐし、相手の「気づき」に繋げる効果的な方法は、職場のミーティングでも使えます。最近は、マネジメントゲームを使って部下に気づいてもらうような指導も増えてきているのです。

## 受講者の状態を確認する

研修前にいくら受講者の情報を収集して進行を考えていても、研修の当日は、研修開始直後の様子を窺って、研修を想定通りに進めるか、進行を修正するかを考えます。受講者の状態は、当日蓋を開けてみないと分かりません。前向きな受講者と想定したのに、当日研修に集中していない受講者が集まっている時もあります。また、数日前には研修に参加する事に後向きだった人が、何かをきっかけに研修を受ける事に前向きになっている場合もあります。

人の状態を知り、配慮する事も人を巻き込む要素になります。これは、スキルと言うよりも、仕事をする上での当たり前の対応に近いですね。つまり、多くの人たちの状態をすぐに全体把握する事や、逆に1人ひとりの状態に対応して効果的に成長してもらう方法を考える事は、コンサルタントというよりも、仕事人としての必要な要素。特にリーダーにとっては必要な要素だと考えます。

実際には、研修が始まる前に受講者との挨拶や雑談、アイスブレイクで受講者の状態を把握していきます。

受講者の状態に配慮が必要な場合は、様々です。私が実際に体験した状況では、受講者のお子さんの受験発表が研修開始から1時間後にあるため、それまでは気になって研修に集中できないという事を聞きました。その時に、「では、それまで発表などは当てませんね。お子さんから電話があったら研修会場を出て話していいですよ」と伝えて、その方に配慮しました。結果、受講者から「合格しました。ありがとうございました」と教えてもらう事ができ、その後の研修も積極的に受けていただけたのです。

コンサルタントだけではなく、特に人をまとめるリーダーは、部下1人1人の状態は常に変わっている事を認識して、リアルタイムで状態を把握し仕事が効果的になる方法を考える事が必要です。

## 研修までの過程を説明する

受講者に対して研修開催までにクライアント会社とコンサルタントでどんな過程を踏んで、開催に至ったかを過程として説明していく事も受講者を巻き込む1つの方法として有効です。

一般的な研修では、あまりこの説明をしない場合が多いかと思いますが、研修が開催できている背景を受講者が聞く事で、研修の意味に重み付けができるのです。

人は、過程や背景を知る事で感化や感動します。つまり、過程や背景を伝えれば相手を感化して巻き込める可能性が高まるのです。例えば、日清食品創業者の安藤夫妻がテレビ小説でドラマ化されたとき、日清食品が大企業になる過程をストーリーとして、商品開発の苦労など背景に何があったのかを描かれていました。ドラマで日清食品の事を知った視聴者は会社や商品に愛着が沸き、商品を買ってみようと思ってきます。どんどんと視聴者を巻き込んでいくのです。その影響で現に、ドラマ放映後の日清食品は過去最高の売り上げを達成しています。

そのため、人を巻き込んでいくには、背景・過程を伝える事が重要であり、以下のようなことを伝えます。

① 研修前の準備期間
② 準備期間で協力してくれた人たち
③ 何を話して決めたのか
④ 不安な事をどうやって克服したのか

4つの項目を2分程度でまとめて伝えるようにしています。もう1度言いますが、相手に関心をもってもらい巻き込んでいくためには、背景や過程を伝えるのです。それは、顧客に対して会社の背景や過程を伝えるのもいいですし、顧客に対してあなた自身の背景や過程を伝えるのでもいいのです。そうすれば、顧客は会社と商品とあなたに愛着を持ち、応援しようと購入に至るのです。

## 役割を決める

研修では、受講者にシェアワークやアクティブワークを実施した後で、その内容を発表してもらいます。その際にトップコンサルタントは、「どなたか発表したい人」と言って、発表者を募らないのです。募っても、多くの場合は、発表してくれない、もしくは、とても気を遣ってくれた受講者が渋々発表してくれるだけです。

その場合は、「コンサルタントのリーダーシップが弱い」と受講者に感じられてしまいます。それだけではなく、発表内容が受講者全員にとって、学びある発表に繋がらないケースも多々あります。

トップコンサルタントの彼らは、事前に発表する役割を決めておくのです。

例えば、ロールプレイワークで、受講者3名のグループになってもらうとします。

そのワークの実施を説明する時点で、「1番目と2番目の人がローププレイを実施します。3番目の人は、オブザーブ兼発表者です。ワークの後で発表してもらいますので、○○の観点でワークを観察してメモを取り、後程発表してください」と伝えておくのです。

全グループの発表は必要なく、例えば何グループかある内の、2グループだけ発表してもらいたい場合は、それも事前に付け加えて伝えておきます。「どのグループを当てるか分かりませんが、

2グループ発表してもらいますので、グループ内の発表者は、よく観察しておいてくださいね」と付け加えます。

このように、研修では事前に受講者の役割をコンサルタントが決めてリーダーシップを取ります。そうすると、発表者の内容も受講者全員の学びに繋がるように導く事ができます。様々な仕事の場面でも、役割を明確にしておく事が重要です。

例えば、あなたがリーダーで部下から報告してもらう場合は、部下が業務の中でどのような役割を果たしているのか、どんな観点で報告してもらうのか、いつの時点で報告してもらうのかを明確に説明しておく事が肝心です。それがないと、部下は「上司は報告しろと言うが、何について報告するのか説明しなかった。リーダーシップに欠ける」と感じて、「ついていきたくない上司」と認識されるようになるのです。

## 発表者の順番を考える

前項では、発表者などの役割を決めましたが、何度も同じ発表者に発表してもらうわけにはいけません。受講者全員に学んでもらうためにも、できるだけ受講者全員に発表する機会があるように順番を決めていきます。

学びの段階というものがあり、大きく、

①研修の内容を知る
②認識する
③考えて整理する
④話してアウトプットする
⑤理解する

という段階です。

話してアウトプットする機会を受講者全員に持ってもらう事で、受講者全員に学びがあるのです。だからこそ、全員に発表してもらえるように順番を決めていきます。順番を決めないでいると、発表したい人だけが話をしてしまい、発表に消極的な人が話す機会がなくなったりします。

順番を決める方法は、どのワークで、どの人に気づきが多くあって、良い発表をしてもらえそうか、当たりをつけておきます。1番目のワークは、どの人がいいだろうな。2番目のワークは…という風に考えておき、その順番になるように発表者を決めるわけです。

私たちコンサルタントは、どの人がどのワークで発表した方がいいだろうか、と考えながら研修を進めていきます。

図 22：発表順

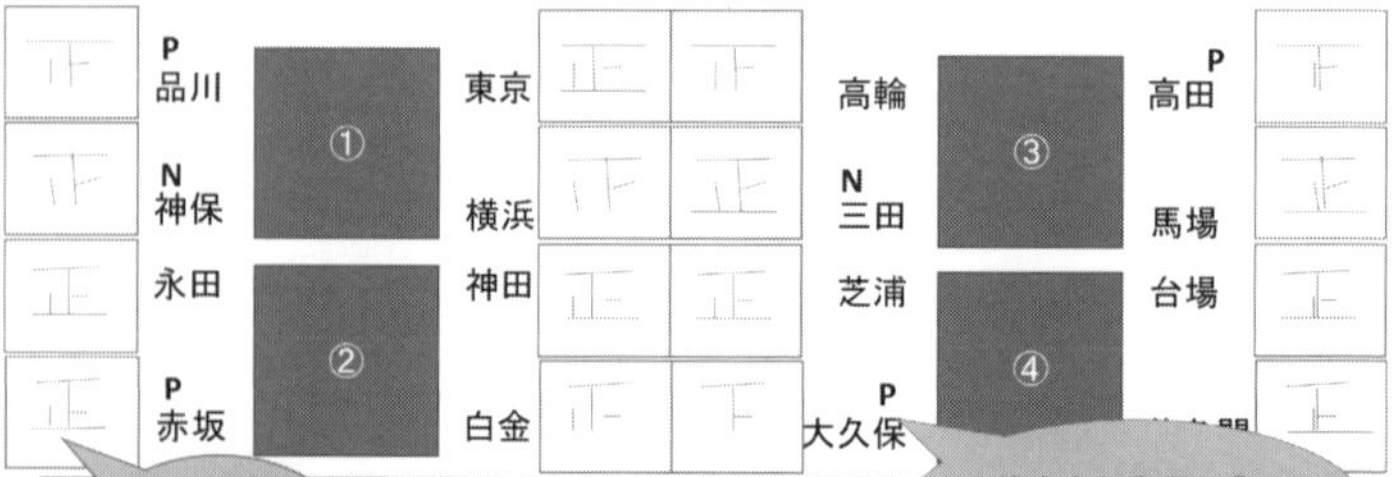


| グルー | | | 職種 | 発表① | 発表② | | |
|---|---|---|---|---|---|---|---|
| ① | | | 管理 | マネジメントが何か感がるようになった | 売上2千万だけの目標ではない | | |
| | | | 企画 | …… | …… | …… | |
| | | | 営業 | …… | …… | …… | |
| | 横浜 | | 営業 | …… | …… | …… | |
| ② | 永田 | | 営業 | …… | …… | …… | プロ野球ファン |
| | 赤坂 | 係長 | 人事 | …… | …… | …… | |
| | 神田 | | 研究 | …… | …… | …… | |
| | 白金 | B所長 | 管理 | …… | …… | …… | |
| ③ | 高輪 | | 営業 | …… | …… | …… | |
| | 三田 | A所長 | 管理 | …… | …… | …… | ラグビーファン |
| | 高田 | | 人事 | …… | …… | …… | |
| | 馬場 | 課長 | 研究 | …… | …… | …… | |
| ④ | 芝浦 | | 営業 | …… | …… | …… | |
| | 大久保 | 課長 | 研究 | …… | …… | …… | |
| | 台場 | | 企画 | …… | …… | …… | 来月結婚 |
| | 佐久間 | 係長 | 人事 | …… | …… | …… | |

そのため、研修はじめから席の配置図を用意しておき、その受講者の名前の横にメモをとっていきます。発言が多いか、前向きか、後向きか、ポイントを押さえているかなど、メモをとって発表の順番を考えています。

研修だけではなく、会議やミーティングなどで参加者全員から意見を引き出したい時は、全員が発言できるように、どのテーマの時は誰に言ってもらおうかと決めながら進めていきましょう。あなたがリーダーであれば、全員の発言を引き出す機会を作るのです。そうすると、発言が少ない人と発言が多い人との差が縮まり、様々な人の意見が引き出せますし、発表者自身の思考力の成長にも繋がります。

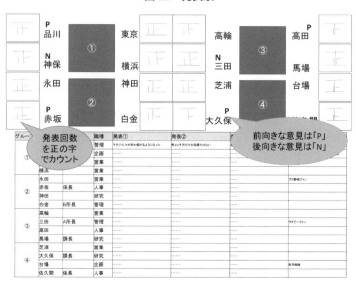

## オブザーバーにワークの介入を促す

私たちコンサルタントは、クライアントのＤＭＵ・ＣＦＴの方々に、研修のオブザーブをお願いすると説明しましたね。

オブザーブしてもらい、ただ単に見てもらうだけでは終わりません。ＤＭＵ・ＣＦＴの方々には積極的に受講者のワークに入ってもらうのです。一緒にワークしてもらうのもいいでしょうし、ワークを直接近いところで観てもらうのもいいでしょう。

重要なのは、ＤＭＵ・ＣＦＴの方々が研修で「受講者と同じ目線になる」事なのです。管理職や一般社員がどのように感じるのかを直接ＤＭＵ・ＣＦＴの方々が聞く事で、研修の効果と研修後のフォロー体制をどうするかが分かりやすくなります。日常的にＤＭＵ・ＣＦＴの方々は受講者と深く関わっていない事もあり、新たな発見や課題などを得る機会にもなります。

私たちコンサルタントは、クライアント社内で自分たちの課題や改善点を見つけて考えてもらえるように、その発見機会を作り出す事も仕事です。だからこそ、これまで研修には参加しなかったＤＭＵ・ＣＦＴの方々を積極的にオブザーブしてもらい、直に受講者の声を聞いてもらう事をしています。

## 立ち位置を考える

立ち位置とは、複数の意味をもちます。自分の立つべき立場・役割・位置などありますが、ここで取り上げるのは、研修でコンサルタントが立つ場所についてです。

人前で立って話す時の位置によって、人への影響度に違いが出てきます。私は一度、立ち位置で叱られた事がありました。受講者に研修会場前方に写されたプロジェクター画像をみてもらいたいと思って、会場前方の左横に立っていたのです。そうすると「立ち位置が悪く、コンサルタントとは思えない存在感の薄さだ」と言われました。それだけ、コンサルタントを見ている側としては、立っている場所による影響度の大小があるわけです。

叱られた時に教えてもらったのが「重要な事を言う場合は、会場前方の真ん中など際立つ場所を用意して受講者全体の真ん中に立つのです。受講者に考えてもらいたい時は受講者の近くに寄って行くのですよ」と言われました。

つまり、研修ではインパクトを出して伝えるために、立ち位置を変えるべきという事なのです。そして、受講者がコンサルタントの話に集中できるような環境を用意しなさいという事でもありました。

では、どうやるのかをそれぞれ説明しますね。

## (1) 立つ場所で動きを出す

全く動かないコンサルタントは、コンサルタントの存在感のみならず、伝えている内容さえもインパクトが弱まります。そして、インパクトを出して伝える時は受講者のど真ん中に立つなど場所を変えるのです。人は動いているものに興味を持って目で追います。そして、興味が高まっていくのです。だから、コンサルタントは研修で影響を高めるために動くのです。

ただ、誤解してほしくはないのですが、動きを出すといっても大袈裟な移動をする事ではないのです。動き回ってオーバーな動きなどは逆に気が散り、内容が入ってこなくなります。それは困りますよね。あくまでも、余裕のある動きで、インパクトを出して伝えたい時に場所を効果的に変えてみる事をお勧めします。

## (2) 際立つ場所を用意する

コンサルタントが研修で立つ場所は、研修会場の前方です。前方を受講者はずっと見るわけですから、会場前方は違和感がないように綺麗に整えておきます。例えば、スクリーンやホワイトボードなどが置かれていますよね。少しでも角度がズレていたら違和感があって、受講者が度々それを気にしてしまうのです。また、ホワイトボードが汚れていたら、受講者は「何を書いて、消したのだろう」と気になってしまうかもしれません。

受講者が会場の物に気が散ってしまうと、コンサルタントの存在も薄くなってしまうので、会場を整理整頓して違和感がない環境をつくっておく事が効果的です。

これは、どのような職場環境でも同じですよね。整理整頓できていないと仕事への集中力が減ってしまいます。

少し余談になりますが、私たちコンサルタントの「人をみるノウハウ」の1つとして、クライアントのリーダーや管理職の方々の机を拝見させてもらいます。というのも、リーダーとして物事を整理し分類して、やるべき事に焦点を絞ったり、まとめられる要素があるのかをみているのです。

江戸時代の「小学」という古典学問でもリーダーになる素質を育てるために「清掃」を教えています。毎日、清掃で物事を整理し、分類してまとめる事を習慣化して身に付ける事で、何事にも整理して解決できるようなリーダー育成をしていたのです。

## (3) 会場の整備をする

研修前に、研修会場の清掃、整理整頓をしておく事は大前提です。そして、受講者が研修会場に入った際にすぐに受付ができるように整備しておく事や、席の配置図も分かりやすいように表示しておき、テーブルに名札を置いて受講者が席に迷わない様にしておきます。テーブルに置くテキストや資料なども、綺麗にまとめて置いておき、整った環境づくりをしておきます。必要であれば、テーブルに付箋やペンなども準備して、受講者が学びやすいように工夫する事もできますね。学びやすい環境をつくる事は、受講者がコンサルタントの話やワークなどに集中する事に繋がります。つまり、研修内容やコンサルタントに焦点を当ててもらうための環境づくりなのです。注目してもらえることで、影響度も増してきます。

様々な仕事の場面でも同じように、何かを説明する時などは、相手に注目してもらえるような環境なのかをチェックしましょう。例えば、顧客に自分の話に集中して聞いてほしいと思うのであれば、綺麗に整理整頓された応接室などにお誘いして話すべきです。そのような努力があって、成約率が高まります。

## 他のコンサルタントからフィードバックをもらう

コンサルタントという仕事は、自身が商品です。常に改善して成長させておかないと商品価値が下がってしまいます。

そのために、学び成長する機会を定期的に作る事が重要です。

自身で仕事を振り返り、良かった点、今後の課題点と明確にして改善していく事は必須です。ただ、自分で振り返っても、「気づいている自分」しか振り返れません。他の人の視点が必要な

図23：ジョハリの窓

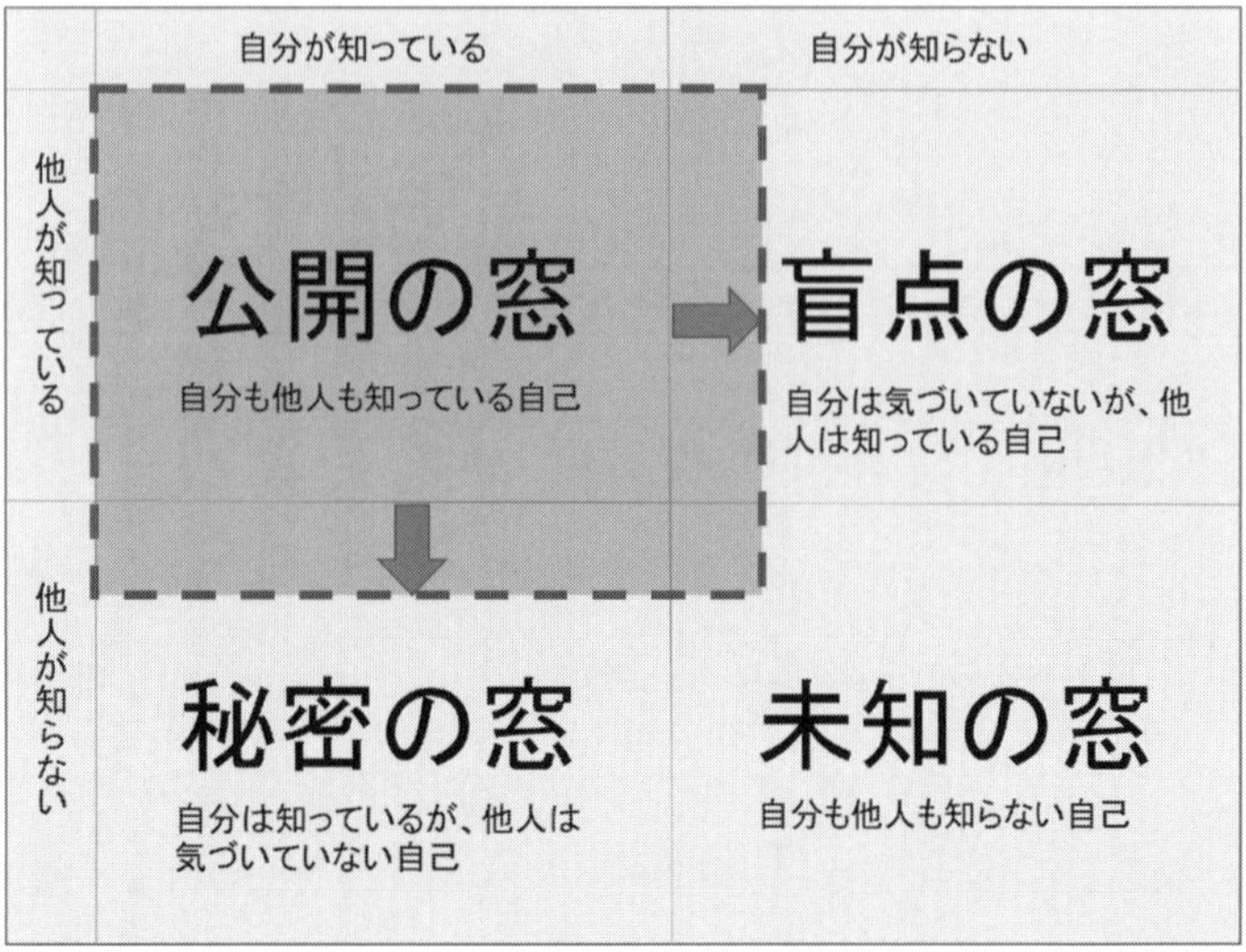
自分が知っている
自分が知らない
他人が知っている
他人が知らない
公開の窓
自分も他人も知っている自己
盲点の窓
自分は気づいていないが、他人は知っている自己
秘密の窓
自分は知っているが、他人は気づいていない自己
未知の窓
自分も他人も知らない自己

のです。

「ジョハリの窓」はご存知ですか？　自己と他者の観点から、知っている自己・知らない自己の４つの窓の領域があり、能力開発のためには知っている自己を広げていき、知らない自己を狭めていくという心理学の知識です。成長するためには、自身の中で潜在化している自己を顕在化させて、自己の能力に落とし込めるように変えていく事が重要で、それを繰り返すことで能力開発に繋がるのです。

潜在化している自己を顕在化するための方法として、良いも悪いも包み隠さず言ってくれるメンターやコンサルタントから、良い点や改善が必要な部分を率直に教えてもらい、自身の気づいていない事に気づいて改善していくように行動する事が必要不可欠です。

トップコンサルタントからフィードバックを受けていた日々は、毎日が新たな発見でした。自分が知らない自分を教えてもらえるのです。「第三者にどのように映るのか」「声質は、どう受け取られるのか」「理解してもらえると思って伝えた事が、全く違う様々な解釈で受取られてしまっていた」など、自分で思っている事とは違う事や、自分でも分からなかった自分を教えてもらえると、改善していくための課題が明確になります。課題が明確になると、あとは改善に向けて行動するのみなのです。

コンサルタントのみならず、どんな仕事でも同じ事が言えると思います。周りの人からのフィードバックを自身の課題だと認識して、改善する事を繰り返している人は、評価されますし信頼されます。

そして、フィードバックをお願いすることは、その人の考え、知識、ノウハウを教えてもらうことでもあります。様々な人の考え、知識、ノウハウを理解することで、その後の協力も得られやすくなります。定期的に、自分を振り返る機会や、自身の気づいていない自己を教えてくれるメンターやコンサルタントにフィードバックをもらう機会を積極的に作りましょう。

フィードバックを受けるタイミングは、あなたが継続しやすい間隔で機会を設けてみてください。ポイントは、常に成長し続けられるように、継続しやすいタイミングで実施する事です。例えば、1週間ごと、1ヶ月ごと、3ヶ月ごとのうち、どれがあなたにとって継続しやすいタイミングかを考えて決めてくださいね。

## 体験者の動画を活用する

研修では受講者に、研修のベネフィットを伝えるために体験者の動画を観てもらいます。体験者の声は、受講者にとって「これから先の変化」を知る事ができる非常にインパクトある情報なのです。更に動画は、彼らにあった変化をほぼダイレクトに感じてもらう事ができます。体験者の声を文章にする事も良いのですが、よりインパクトを持ち「良い研修かもしれない」と感じてもらえやすいのは動画です。

例えば、ダイエット器具のテレビショッピングであれば、イメージしやすいのではないでしょうか。それまでダイエット器具を買いたいと探していたわけでもないのに、たまたま観てしまうと、1人目の体験者の使用前と使用後のインタビューが流れ、2人目、3人目と流れ…最後の方には、「この商品は良い物だから、すぐに買いたい」と思って電話する購入者が少なくないのです。

研修でも、体験者の声が動画で流れると、「この研修内容は良いかもしれない」と思ってもらえて、研修を真剣に聞いてくれる受講者が増えてきます。

仕事でも、顧客に商品を売り込む時は、体験者の動画を活用できるとインパクトがある販売促進ができますね。

## 事例を考える

コンサルタントは、様々な事例を収集しておかなければ、クライアントにどんな方法があり、どんな結果があるのかを上手く伝えきれません。そのため、トップコンサルタントは事例取集にも力を入れていきます。前章で説明したようにインタビューなどで事例を収集して多くの事例を自分の物にしていくのです。また、自身が目の当りにした事例や直接聞き出した情報でなくても、他のコンサルタントが目の当りにした事例を教えてもらい、それを自分が目の当りにした事として伝えられるようにしています。

その理由は、相手に実際に起こりうる事だと臨場感と説得力を持って伝えられるからです。

人から聞いた話であると伝えると、臨場感が薄まります。反対に、自分が目の当りにしたように伝えてみると、伝わり方が変わります。「私が直接関わったこの方法を3ヶ月続けると、売上が2倍に増えました」と伝えるのと、逆に、人から聞いた話のように「私が聞いた話だと、あの方法を3ヶ月続けると、売上が2倍に増えるみたいなのです」と伝えてみる、どちらの方が臨場感あり説得力がありますか？　どちらも、実際に起こっている事なのに、人から聞いた話のように伝えると説得力に欠けますよね。人によっては疑って聞く人もいるでしょう。

だからこそ、受講者に「この方法は効果が出る」と思ってもらうためにも、コンサルタントが直接目の当りにした事例だと断言するのです。

ここで間違ってほしくないのは、コンサルタントが何でも知っていると自慢するように振る舞え、というわけではないということです。あくまで、受講者にとって役立つ情報として伝える場合にのみ、目の当りにしたように伝えて受講者の成長に繋げたいだけなのです。事例は、インパクトがあります。人も感化されます。だからこそ、事例は効果的に使うべきです。

研修でなくても、職場でも使えます。例えば、成功事例があればリアルタイムで社内全員に共有するのです。

これは人から聞いたものでもなく私が本当に体験した話ですが、以前、私が人材派遣会社の顧客営業をしていた時に、顧客先会社の隣に派遣社員を多く採用している全国規模の保険会社がありました。その会社は、以前、私の会社の本社が大きなトラブルを起こしてしまい、怒りをかって全国で取引禁止にされていたところでした。ですが、「話せれば儲けもの」と思って、私は顧客先の方にその保険会社の偉い方を紹介してもらったのです。実際に、何度かお会いさせてもらうと取引禁止が解除され大きな受注をいただけました。その事を、当日中に私は社内でケーススタディとして全国の全社員に共有したのです。多くの同僚から「どうやったの？　やり方を教えてほしい」と数日間電話ばかりでした。それだけ、事例は影響があるのです。

## 『あなた』と『私』と『私たち』は同じ

感情に訴える事もインパクトを持って巻き込むための1つの方法です。私たちコンサルタントが受講者の多くに賛同してもらいたい時に使う秘密の方法です。どうしてもインパクトを持ってすぐに巻き込まないといけない場合に同調効果をもたらす伝え方があります。

確信を持って『あなた』と『私』と『私たち』は同じという意図を伝えるのです。

例えば、受講者の仕事が忙しく大変になるけど、研修の内容をやっていこうと受講者に感じてもらうために、こう伝えています。「あなた（又は、皆さん）の仕事量は、毎日が、やる事が多く大変だと知っています。実は、私もあなたと同じような仕事をして大変な日々を過ごしていた経験があるのです。だからこそ、あなた（皆さん）により良くなってもらいたいのです。私たちは一緒に大変な日々を解消するために行動を共に変えていく事が必要なのではないですか」といった具合に伝えるのです。

人は、理解してくれる人や同じ境遇の人だと感じると、その人が言った言葉に承諾してしまうという心理が働きます。心理学者ムザファー・シェリフによって行われた実験でも、集団の中で自信たっぷりに個人の意見を集団に伝えると大きな同調効果が生まれて、集団規範が形成されるという結果も出ています。

仕事上で、どうしてもコンセンサスをもらいたい場合は、自信たっぷりに『あなた』と『私』と『私たち』は同じと思ってもらえる内容を伝える事も有効な方法です。

## 時間を厳守する

研修を行う大前提として、時間厳守は基本ルールです。時間を厳守するためには、研修前に模擬練習を繰り返して、どのぐらいの時間がかかるのかを把握しておきます。しかし、研修では、予定外の事も起こります。その予定外の状況でも時間管理は必須です。予定外に遅れてしまい、休憩時間を短縮したり、終了時間を遅らせるのは、受講者の迷惑にもなります。その時受講者はどう感じるか。「このコンサルタント、時間管理できていない」と思うのです。時間管理できていないと思われると仕事への信頼も薄くなります。

そうならないためにも、前章で説明したように模擬研修を繰り返し、伝える優先順位を考えておき、時間に合わせて調整する必要があります。模擬研修を繰り返して時間と優先順位を把握しておけば、どの位のペースで進めていくかが分かり、研修における時間調節がしやすくなるのです。

時間の調整が難しいのがクライアントとの会議やミーティングです。次第も用意して取り上げる議題も決めている。しかし、発言の時間を調整する事は難しいですし、想定どおりには進まない事もありますよね。

私の経験談ですが、コンサルタントになりたての私は、会議運営で失敗した事があります。クライアントとの会議を1時間30分で設定していましたが、実際にやってみると2時間かかりました。会議での時間オーバーを3回繰り返してしまい、クライアントからお叱りを受けた事がありました。そうなると、コンサルタントはクライアントからの信頼がなくなり、コンサルティングや研修さえも協力体制が作れなくなったのです。それ以降、インパクトを持って巻き込む事は不可能となってしまいました。

この経験から、研修だけではなく会議やミーティングの時間も守る事は非常に大事だと痛感しています。

では、どうやって会議やミーティングの時間を予定どおり調整していくのか。

1つ目は、議題内容から話が外れない様に、次第などの資料を作成しておきます。どのような観点で話をしてもらいたいのか、何分で進めていくのか等具体的に見える化しておくのです。使用するのは、用紙の資料でもホワイトボードでもいいです。

2つ目は、時間を意識するツールを用意するのです。会議やミーティング会場で誰もが確認できるようにタイマーを鳴らしたり、時計を置いたりします。

事前準備をして時間通りに終わるようにしていきましょう。

## ＤＭＵ・ＣＦＴから研修最後の挨拶をしてもらう

研修の最後には、ＤＭＵ・ＣＦＴの方々から挨拶をしてもらうようにしています。時には、研修後にＤＭＵ・ＣＦＴの方々から受講者に対して、どのようにフォローしたり、どのようにサポートしていくかを決意表明のように話してもらうこともあります。研修の最後に、ＤＭＵ・ＣＦＴが「自分たちは本気で受講者の活動が成功するように考えている」と話す事がポイントなのです。そうする事で、研修後にコンサルタントと連携を取り受講者のフォローにもコミットしてもらえます。

しかし、急にお願いすると挨拶を遠慮される場合がありますので、私たちは研修前から打ち合わせしておくなど事前に依頼をしています。また、依頼する時には、最後の挨拶の参考になるようなサンプルを1枚渡しておいて、前向きな発言を期待している事を話しておくのです。

様々な仕事でも、相手に「私は○○をします」と宣言してもらえるように、意見を引き出す事も人を巻き込む1つの方法なのです。

## ストーリーで構成する

相手を巻き込んでいくために、相手の心に響く事は何か、相手に共感してもらう方法は何かを考えていきます。

人は映画を観て、「感動した」「共感の涙で溢れた」など感想を言います。例えば、映画のストーリーは、ある法則を使って構成されています。それは「神話の法則」です。トップコンサルタントは、研修の構成に「神話の法則」を参考に作成しています。受講者の心を動かし巻き込んでいくためです。

神話の法則には12の段階があります。次のようにそれぞれの段階で情報を伝えて、ワークを入れて構成しているのです。

**【「神話の法則」を使った研修の構成】**

① **問題の偏狭な認識**
今の会社の状況を3C（競合、顧客・市場、自社）で分析してコンサルタントから受講者に説明する。

② **問題の認識の深化**

会社として本当はどうありたい？　顧客は本当のところどう思っている？　あなたは何をあるべき姿と思っている？　など、セルフワークで書いてもらい、シェアワークで共有する。

③ **変化への拒否**
受講者それぞれの不安点をセルフワークで書いてもらい、シェアワークで共有する。

④ **変化への躊躇**
受講者にセルフチェックシートで、あるべき姿に対する現状を確認してもらう。

⑤ **変化への第1歩**
受講者に習得してもらいたい事をコンサルタントから説明する。

⑥ **最初の変化への準備**
受講者が知識やノウハウの習得のために、簡単なシェアワークや体験型ワークを練習する。

⑦ **大きな変化への準備**
受講者が知識やノウハウの習得のために、実践的な体験型ワークを実施する。

⑧ **大きな変化への努力**
体験型ワークをやってみて、受講者同士で今後の課題点をシェアワークする。

⑨ **努力の成果**
できるようになった事をシェアワークや受講者から発表してもらう。

⑩ **変化への再挑戦**

## 図 24：神話の法則：研修をストーリーで構成する

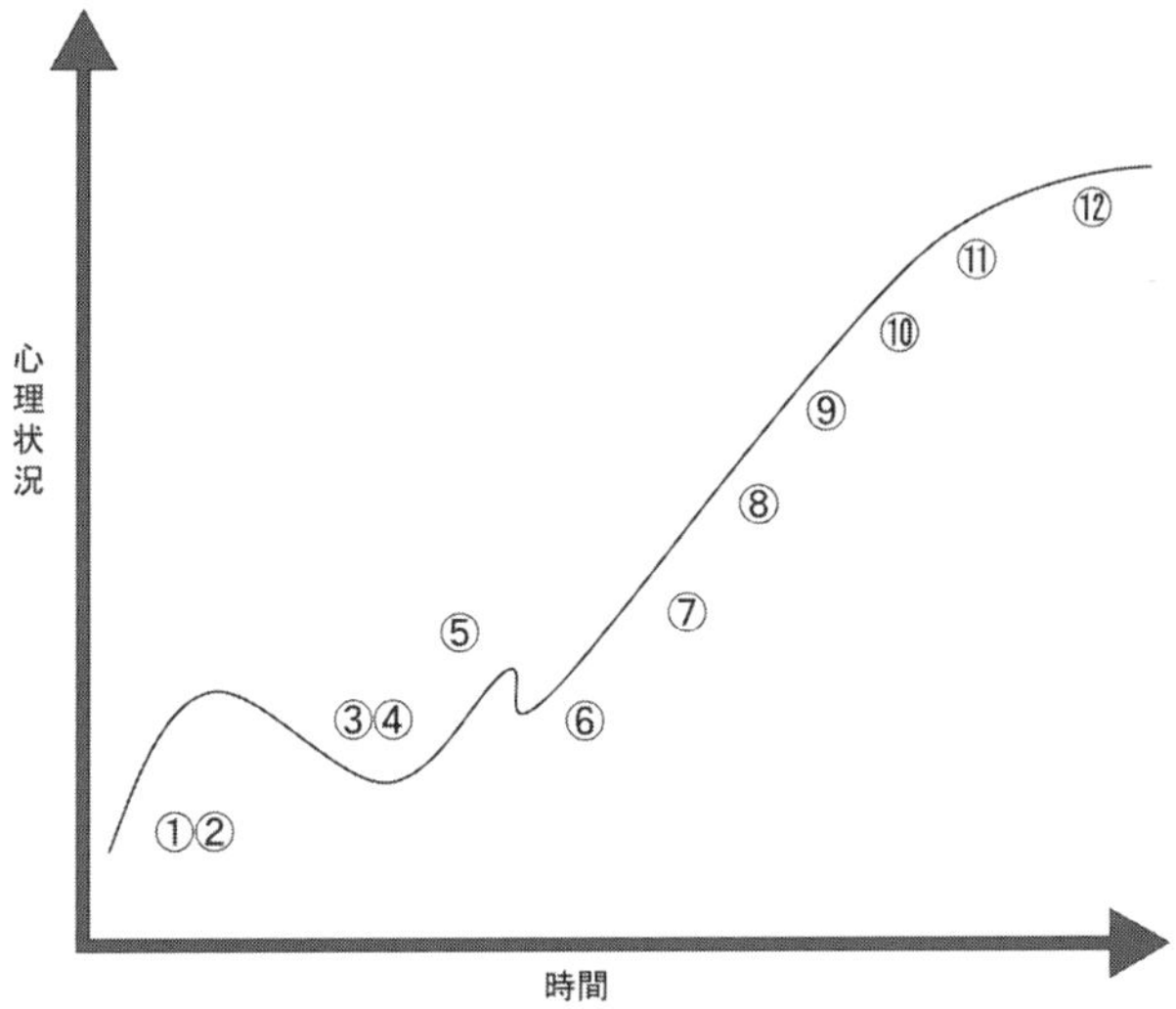


**【「神話の法則」を使った研修の構成】**

①問題の偏狭な認識
今の会社の状況を3C（競合、顧客・市場、自社）で分析してコンサルタントから受講者に説明する。
②問題の認識の深化
会社として本当はどうありたい？　顧客は本当のところどう思っている？あなたは何をあるべき姿と思っている？など、セルフワークで書いてもらい、シェアワークで共有する。
③変化への拒否
受講者それぞれの不安点をセルフワークで書いてもらい、シェアワークで共有する。
④変化への躊躇
受講者にセルフチェックシートで、あるべき姿に対する現状を確認してもらう。
⑤変化への第一歩
受講者に習得してもらいたい事をコンサルタントから説明する。
⑥最初の変化への準備
受講者が知識やノウハウの習得のために、簡単な体験型ワークを練習する。
⑦大きな変化への準備
受講者が知識やノウハウの習得のために、実践的な体験型ワークを実施する。
⑧大きな変化への努力
体験型ワークをやってみて、受講者同士で今後の課題点をシェアワークする。
⑨努力の成果
出来るようになった事をシェアワークや受講者から発表してもらう。
⑩変化への再挑戦
更に、習得してもらいたい情報をコンサルタントから説明し、受講者は体験型ワークをする。
⑪大きな変化への最後の努力
最後に受講者から決意表明を発表してもらう。
⑫問題の最終的な解決
研修後、職場での実践を何かしらの形でクライアント会社とコンサルタントで共有する。

更に、習得してもらいたい情報をコンサルタントから説明し、受講者は体験型ワークをする。

⑪ **大きな変化への最後の努力**

最後に受講者から決意表明を発表してもらう。

⑫ **問題の最終的な解決**

研修後、職場での実践を何かしらの形でクライアント会社とコンサルタントで共有する。

誰かを対象としてインパクトを持って巻き込みたい場合は、この「神話の法則」でストーリー化してみましょう。例えば、商品説明で「商品ができるまでのストーリー」だとか、リクルーティングの際の会社案内で会社の歴史をストーリーとして伝えるなど様々な場面で使えます。

## 言葉への定義付けをする

あなたは、自分が発言する言葉の全てに、自分なりの意味を持って発言していますか？
例えば、「成功する」の成功とは、何をもって成功とするのか。
「社会に貢献します」と言った場合の社会とは、どこまでを指しているか。
「自律的人材の育成」の自律的とは、何を指しているのか。

人の会話上には様々なキーワードが出てきますが、そのキーワードの意味を全て認識して定義付けしている人は、案外少ないのです。

トップコンサルタントは、全ての定義付けが明確です。短い言葉でも自分なりの定義付けをしているので、質問された際にも自信を持って説明する事ができます。その際の説得力の高さは、周りを圧倒させる事も度々ありました。

自分なりの考えに正解不正解はないので、自分が話している言葉に注目して、抽象的なキーワードが出てきたら、「それはどういう事?」と自分に問いかけて、自分の考えをまとめて言葉の定義付けをしてみましょう。

# 第5章

# 相手から信頼されるファシリテーション力

では、3つ目のスキルである「相手から信頼されるファシリテーション力」について説明していきます。まずはファシリテーションとはどういう事かを確認しておきましょう。

世の中には、いくつかのファシリテーションの定義があります。その中でも、私の考えるファシリテーションを一番分かりやすく定義付けしているのが、日本ファシリテーション協会初代会長の堀公俊さんです。

〝ファシリテーションは、一言でいうと「人と人の相互作用（関係性）を促進する」働きで、人と人の関わりをつくり、人の力を引き出し、個人ではできない人と人との間で起こるイノベーションを生み出す事。その結果、集団による問題解決、アイデア創造、合意形成、教育、学習、組織変革、自己表現、成長など、あらゆる知識創造活動を支援し促進していくのである〟と。

〝そういった人と人との協働を促進する事とは、人と人の関係性の質を上げる事に他ならない。関係性の質が向上していけば、新しい物の見方や考え方が生まれ、更には、思考の質が変わってくる。思考の質が変われば、それに伴い行動が変化していく。行動が変化すると最後に成果の質を変える事に繋がる。このような成功の循環を生み出すきっかけがファシリテーションだ〟と。

この定義は、私が行っているファシリテーションにしっくりきます。この定義から分かるように、どのような仕事でもファシリテーション力が必須なのです。1人だけでは、おそらく仕事が捗りにくい事が多いです。2人、3人…いればどんな仕事であれ、どんな職場であれ協働できるように、成功の循環を生み出すファシリテーション力が必須になるのです。

そして、この成功を生み出すファシリテーションは、相手から信頼される事が前提です。私たちコンサルタントは初対面の人にもコンサルや研究でファシリテーション力を発揮しないといけないのですが、発揮するためには、まずは、相手から信頼されないと発揮さえできないのです。だからこそ、どのような関係性でも信頼されるように努めて、「相手から信頼されるファシリテーション力」を発揮するようにしています。

あなたもこれからお伝えする「信頼されるファシリテーション力」を発揮して、人と人との相互作用を促進し、イノベーションを生み出してください。

## ファシリテーターの能力を高める事前準備をする

### (1) 討論を見える化する練習

ファシリテーションにおいて、討議してもらった内容を見える化する事は非常に重要です。その理由は4つあります。

**① 見える化する事によって発表者のみならず周りの全員が内容を確認できます。**

図25：ファシリテーションで見える化

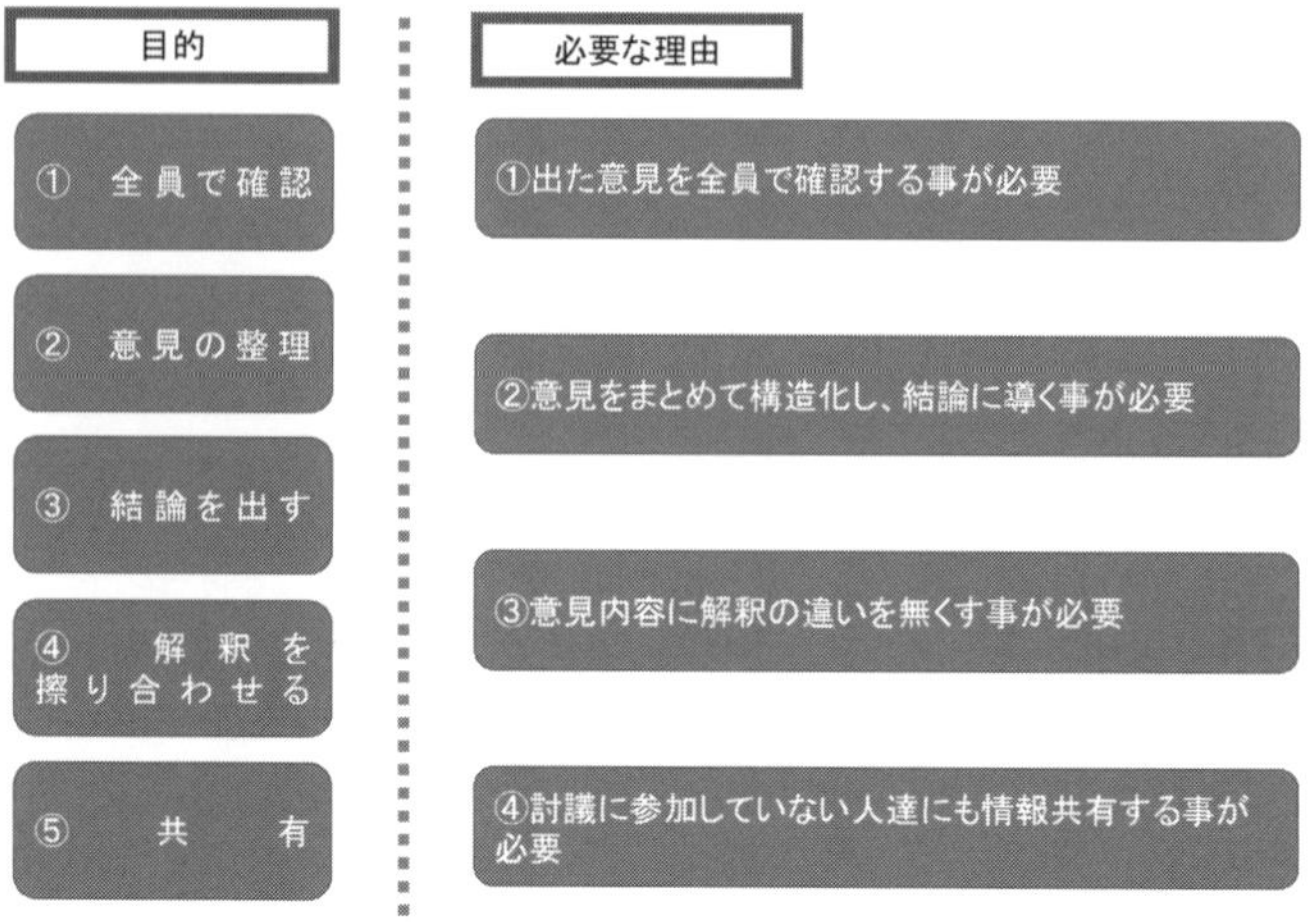
目的
① 全員で確認
② 意見の整理
③ 結論を出す
④ 解釈を擦り合わせる
⑤ 共有
必要な理由
①出た意見を全員で確認する事が必要
②意見をまとめて構造化し、結論に導く事が必要
③意見内容に解釈の違いを無くす事が必要
④討議に参加していない人達にも情報共有する事が必要

② 発表内容をまとめて、構造化し、その結果どういう事が言えるのか結論に導けます。

③ 見える化する事で、聞いている人達の認識に差が生まれるのを防ぎます。解釈の違いが生まれにくいのです。実は発表する際に内容を耳から入ってくる情報だけで聞いていると、後々聞いている人たちに解釈の違いが生まれている事が多々あります。それを防ぐのです。

④ 見える化した後で討議に参加していない人たちへも内容を共有できますので、組織の多くの人たちにも情報が伝わります。

トップコンサルタントは、見える化する事の重要性を知っているので、討議内容を全てホワイトボードに書いています。発表内容は全部書きます。発表で話されている事全てです。

はじめは不完全でもいいので、全てをホワイト

図 26：党首討論会を聞き取りながら書く練習

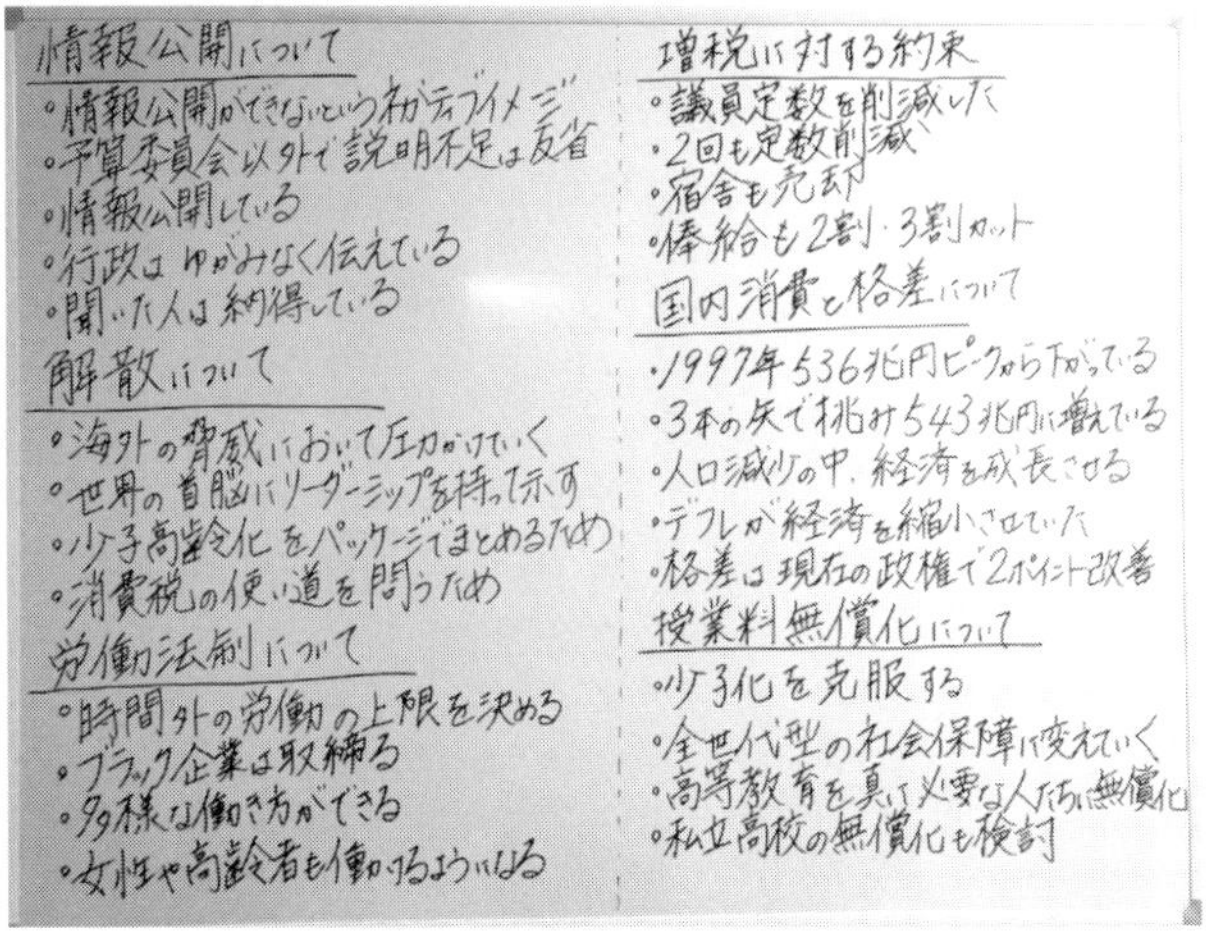


ボードに書いていきます。しかし、書き慣れないと、発表内容を聞きとりながらホワイトボードに書くことは困難です。

そのため、私たちは見える化する準備練習をしていきました。討議の音声を録音しておき、それを聞きながらホワイトボードに全て書く練習です。討議の音声はテレビの討論番組でも代用可能です。また、ホワイトボードが無い場合は、大きめのノートでも代用可能です。私は自宅でも練習するためにテレビで討論番組を流しながら、A3サイズのヌーボードという、ノート型ホワイトボードを用意して練習したりしました（色々と便利な文具が出ていますので、使い勝手がいいものを探すのも楽しいですよ）。

ちなみに、ホワイトボードマーカーは「ぺんてる　ホワイトボードマーカー　平芯太字」を私たちは使用していました。メンバーで色々なホワイトボードマーカーを試してみたのですが、早く文章を書くには、このマーカーがスラスラと書きやすいと意見が一致し、ずっと使用していました。

何度も何ヶ月もかけて音声を聴き取りながら、ひたすら発表している内容を書いて練習し、見える化をする習慣を作るのです。

練習では、はじめの1ヶ月間は発表内容通りに全部書いていきます。2ヶ月目からは、発表内容を要約して、発表内容を聞いていない第三者が見ても分かりやすいように整理して書くように練習していきます。話している内容どおりに書いていくと長文になりやすく、読んだ時に分かりにくくなります。そのため、理解しやすいように要約したり要点を分解したりしていきます。ただし、キーワードだけに絞ってしまうと、具体性が見えないために第三者が読んでも分からないので、誰が読んでも理解できるレベルでの要約や要点に整理をしていきます。

書く事に追いつけるか心配な場合は、2人でホワイトボードに書くのも良いです。どんな方法であれ、発表した内容を全部書けるように準備していきます。

トップコンサルタントがこだわったのは、ファシリテーションで出てきた意見やアイデアを見える化する事で多くの人たちに共有して理解し合う事だったのです。これは、研修だけではなく会議やミーティング、打ち合わせなど、人と人が意見やアイデアを出し合い、結論やアイデア創造などをする全てにおいて見える化する事を取り入れると効果的に進められます。見える化する目的を次の5つにまとめます。

① 全員で確認
② 意見の整理
③ 結論を出す
④ 解釈を擦り合わせる
⑤ 共有

この5つの目的を持って討議内容を見える化していく事で、「人と人との相互作用を促進する」事が効果的にできるのです。

### (2) 受講者の意見整理の仕方

2番目に事前準備として実施してきた事が情報整理です。まずは、研修を実施するために事前に受講者に何のテーマについて考えてもらうのか準備します。そして、テーマを分解して考えてみます。例えば、どのような要因があるか、どのようなプロセスがあるか、どんな要素で成り立つのか、などと切り口を変えて分解してみるのです。これは、ロジカルシンキングのMECEと呼ぶ考えですが、テーマを「モレなく、ダブりなく」分解する方法です。

次に、テーマにおいて受講者からどのような意見が出てくるのかを想定していきます。そして、想定した意見を分解した切り口にどのように分類できるかを検証していくのです。

最後に、分類してみるとどのような結論が言えるのか仮説を立てます。

実際に、このような事前準備があるとスムーズな進行ができます。もちろん、あくまで事前準備は想定と仮説なので、実際とは異なるかもしれません。ですが、想定と仮説を準備しておくと実際と違う場合でも、コンサルタントであるファシリテーターが、受講者からの意見に出ていない視点で「別の視点で考えてみませんか」と受講者に投げかける事ができます。そうすると、受講者の考える幅が増えて新しいアイデアなどが出る場合もあるのです。

案外、受講者にはルールや規制などがあり、認識できない視点があるのです。そのような状況で、違う視点もあるのではないかと投げかけると、思考にイノベーションが起こります。つまり、人はルールや規制を外して考えると、新たな発見があり、思考を広げる事に繋がる可能性が出てくるのです。その可能性を信じて、私たちファシリテーターであるコンサルタントは、事前に考えて想定や仮説を立てる事を繰り返しています。

一方で、私たちが考えた事は所詮机上の空論だと分かっています。実際とは違う事もあるのです。そして、その机上の空論を相手に押し付けても相手には響かないとも分かっています。あくまで、私たちの想定や仮説は、人と人との相互作用を促進し、人の考えをイノベーションに繋げるために、ファシリテーターとしての引き出しを増やす保険のようなものです。受講者をファシリテーターの考える方向に誘導する事には決して使いません。

仕事上の人材育成や討議する場にも同じ方法が活用できます。上司が部下の視野を広げるために、上司は部下がどんな考えを持ち、意見を言うのか想定して、どう対応するかを準備しておくと部下の意見を引き出しやすくなりますし、部下の視野も広げる事にも繋がります。

### (3) 類似性

ファシリテーションの話から外れますが、あなたに質問です。あなたは、どんな人の第一印象を良いと感じますか？

トップコンサルタントは、クライアントとはじめて会う際にどうすれば第一印象が良いのかも考えていました。服装などの身だしなみに清潔感があると、一般的に第一印象が良いと言われていますよね。それは当然なのですが、私たちは「類似性」にも注目していました。人は、自分に似ている人の印象が良いのです。例えば、同じセンスの服装だと印象が良いけれど、全く違うセンスの服装だとお互いに理解できないと感じてしまい、印象が悪くなります。

まずは、相手がどのような服装や持ち物を使っているか調べてみます。そして、類似性を見つけ出していきます。例えば、スーツが基準の人たちと会うのであれば類似性のある色のスーツを着用し、ラフな服装の時であればラフな服装でセンスも似せるのです。そして、あなたと私は同じだという印象を作っていきます。決して、相手と違う印象を作らないのです。相手に与える第一印象が良いと、ハロー効果で服装以外の事も良い印象を抱くと心理学でも言われています。アメリカの調査では、保険会社でセンスや年齢や宗教や喫煙の傾向が似ているお客様とセールスマンを会わせると契約しやすいとの調査結果も出ています。

表面的な類似性に留まらずファシリテーターが事前に練習を重ねるのは、「本質的・構造的類似性を見つける」事です。人と人の意見の中に類似性を見つけ出すのです。「ここは違うけど、ここは本質なところが同じ」という風に、意見の背景にある構造や本質を捉える訓練です。これができてくると、ファシリテーション中に人と人の意見に新しい視点を発見でき、人と人の合意形成や協働に繋がるのです。これはアナロジー思考とも言われています。

このように、ファシリテーターとしての事前準備は、表面的な類似性を見つける事や、思考の類似性を見つけるなどのスキルを継続的に改善する意識が必要となってきます。

## 答えは受講者に出してもらう

ファシリテーターは正解が分かっていたとしてもあえて伝えません。もちろん、ファシリテーターとしての意見や感想などを持っていて、伝える事はできます。それを伝える場合は、あくまでもファシリテーターの個人的な見解であるので、「私個人としては～～と感じました」という風に、それが正解ではないと伝えます。

そして、研修の際の発表者の意見に対して善悪、正解・不正解で評価はせずに、発表者が考えている事や感じている事を、まずは受け止めます。善か悪か、正解か不正解で決めてしまうと、途端に受講者は自由に自分の意見を言えるような安全な場ではないと感じてしまいます。そうなると、ファシリテーターと受講者の信頼関係も築けなくなってしまうのです。

ファシリテーターは相手の意見に興味関心を持ち、どんな答えが相手から出てくるのかを傾聴と質問を繰り返し引き出します。

これは、ファシリテーターとしての基本的な姿勢です。私は企業研修で、様々な管理職の方々に「皆さんが部下の意見を引き出す際にファシリテーターとして傾聴と質問を繰り返す事で、自分で考えて行動できる自律型人材育成ができます」と伝えています。

管理職の方々から実践してもらった直後の感想を聞くと、「もどかしくなって、ついつい答えを言ってしまう」という言葉が出てきます。その都度「傾聴と質問で部下の意見を引き出す」という事を再認識してもらい、何度も試してもらうのです。それを継続していくと、できるように変わっていきます。

職場の人たちの意見を引き出す際に、ついつい答えを言ってしまいたいと思っても「傾聴と質問で相手の答えを引き出す」と意識し、スキルを継続的に改善するマインドで、何度も試みて継続してみましょう。

## 全員が公平に発表できるようにする

ファシリテーターは、中立の立場で全員から意見を引き出すのも役目です。

企業研修は受講者同士のパワーバランスがある集団研修のため、発言する事で自分が後々不利になるのではないかと考えて、自分の意見を発言しない人や、もしくは、自分の意見を諦めて他の人の意見に同調して発言しない人も出てきます。そういった、パワーバランスがあり忖度する集団研修では、強調して「ファシリテーターは中立の立場である」と受講者に認識してもらわないといけません。

中立な立場とは、パワーバランスの中での感情の対立や意見の対立に偏りがない立場です。つまり、パワーバランスの中に入っていない人で、利害関係者や当事者ではない立場でないとファシリテーターは務まりにくいのです。

そのため、研修はじめにファシリテーターから中立な立場である事を宣言して、受講者に理解してもらう必要性が出てきます。中立な立場であり、意見に偏りなく、相手がどんな立場であるか関係なく働きかけをしていく立場であると、受講者に説明していくのです。

あなたの仕事上でも、様々な人たちの衝突を防ぎ、人それぞれの意見を出して相互作用を出すためには、中立な立場にいる人に仲介役になってもらうのも1つの方法です。会議やミーティングでは、パワーバランスが働かない中立な立場のファシリテーター役が重要な役回りとなるのです。

## フラットな立ち位置で素直に表現する

私は初対面の方に自己紹介で「コンサルタントをしています」と話しています。ですが、後々、打ち解けた時に相手から「コンサルタントだから、固く難しい事を言う人だと思っていた」「コンサルタントだから、本音と建前があるのでしょ」などと言われる事が結構あります。

そういったイメージを抱かれやすいですが、実際のトップコンサルタントの方々は、本音と建前の差がほとんどなくて、正直に感じた事を率直に話してくれます。

コンサルテーションをする場合でも研修を実施する場合でも、トップコンサルタントがファシリテーターをやっている時には、正直に感じた事を伝えているのです。面白い事は面白いと伝えますし、分からない事は分からないと伝えます。苦手な事は苦手だと伝えますし、得意な事は得意だと伝えます。分からない事は分からないので教えてもらえますか？　と聞いたりもしています。知らないのに知っているとカッコつけたりもしません。

相手との信頼関係を築くには、感じた事を素直に表現してみる事が大事です。シカゴ大学の研究結果でも、本音を正直に話す事で相手との円滑なコミュニケーションができて信頼関係が築けると言われています。相手の事や状況を考えて建前で話すと良いコミュニケーションが築けないとの結果が出ているのです。

コンサルタントはクライアントとの関係で本音を伝えて信頼関係が築けるからこそ、良いコンサルティングができるのだと感じます。

コンサルタントだけではなく、様々な仕事は人から信頼されてこそ良い結果に繋がります。相手との信頼を築くために、裏表なく素直に感想を伝えたり、率直に聞いてみたりするようにしてみましょう。ただし、相手との信頼を築きたいというポジティブな思考からの素直さである事は言うまでもありません。

## グランドルールを決める

ファシリテーションでは討議や発表がスムーズに進行できるようにはじめにグランドルールを決めておきます。グランドルールは全員で決める場合もありますが、ファシリテーターが決めておき、全員に共有し同意してもらう場合もあります。研修であれば、ファシリテーターが決めます。会議・ミーティングであれば初回に全員に提案してもらい、グランドルールを決めていくのです。

最低限全員が守るべきグランドルールを決めておかなければ、最悪の場合は討議中に衝突が起こってしまう事もあります。例えば、「人の意見を受容する。他人の意見を論破・非難してはいけない」というルールを決めておかないと、意見が出てきても、他の人がその意見を潰してしまうという事もあるのです。人と人との相互作用を促進するためには、全員が信頼関係を崩さないためにルールを設けるのです。

以下は、私たちが基本的にグランドルールで決めていたものです。

① 携帯電話はマナーモードにする
② 積極的にメモを取る
③ 発表者の発表が終わったら拍手する
④ 同意見が出てきても、「同じです」で終わらず、自分の言葉で発表する
⑤ ポジティブな言葉で発表する
⑥ 人の話は受容して笑顔で聞く
⑦ 時間を厳守する
⑧ 全員が受け身ではなく「自分事として考える」

図27：○○プロジェクト　ガイドライン

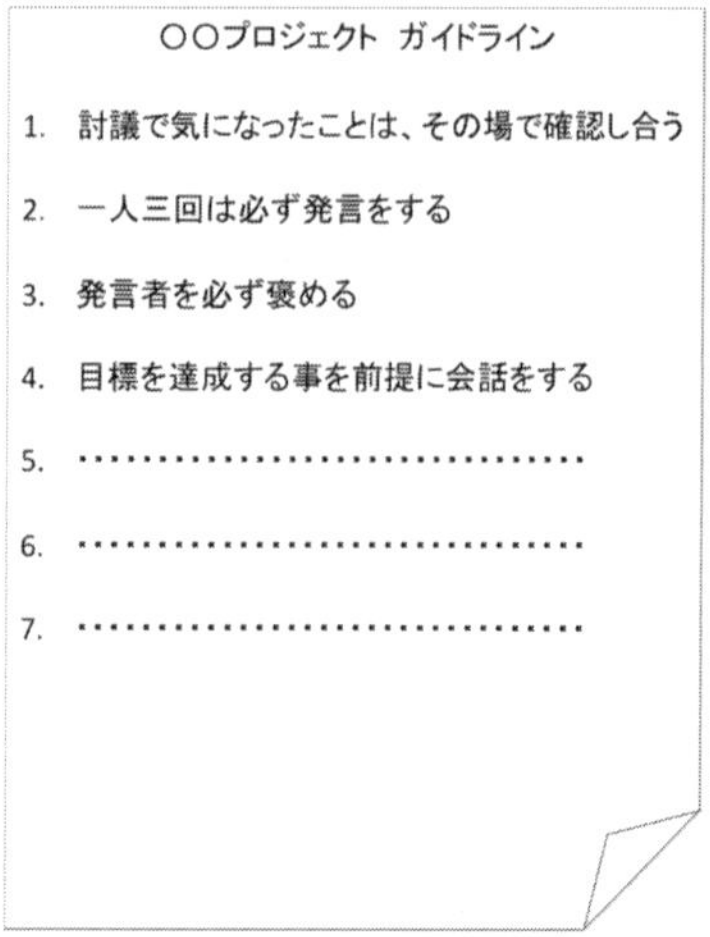
○○プロジェクト　ガイドライン

1. 討議で気になったことは、その場で確認し合う
2. 一人三回は必ず発言をする
3. 発言者を必ず褒める
4. 目標を達成する事を前提に会話をする
5. ……………………………
6. ……………………………
7. ……………………………

このルールを研修のはじめに確認するのです。確認する際には、なぜこのグランドルールを設けているか目的を相手に納得してもらったうえで伝えていきます。

他にもプロジェクト発足時などはメンバー全員の相互作用の促進する働きが必要となり、その際にガイドラインを全員で決めておきます。後々メンバー同士の意見交換で衝突や混乱した時などに非常に役立つのです。その時にガイドラインに立ち戻り、プロジェクトの目標を達成するために何を意識して考えて発言するべきなのかがすぐに再確認できるからです。

私たちコンサルタントも様々な組織のプロジェクトでガイドラインを策定し、ファシリテーションする際に、発表者の意見がネガティブになり前に進まない状況を防ぐためにもガイドラインを会場に貼って議論を進めたりしています。

# ファシリテーターのポジションはどう取るか

図28：ファシリテーターポジション

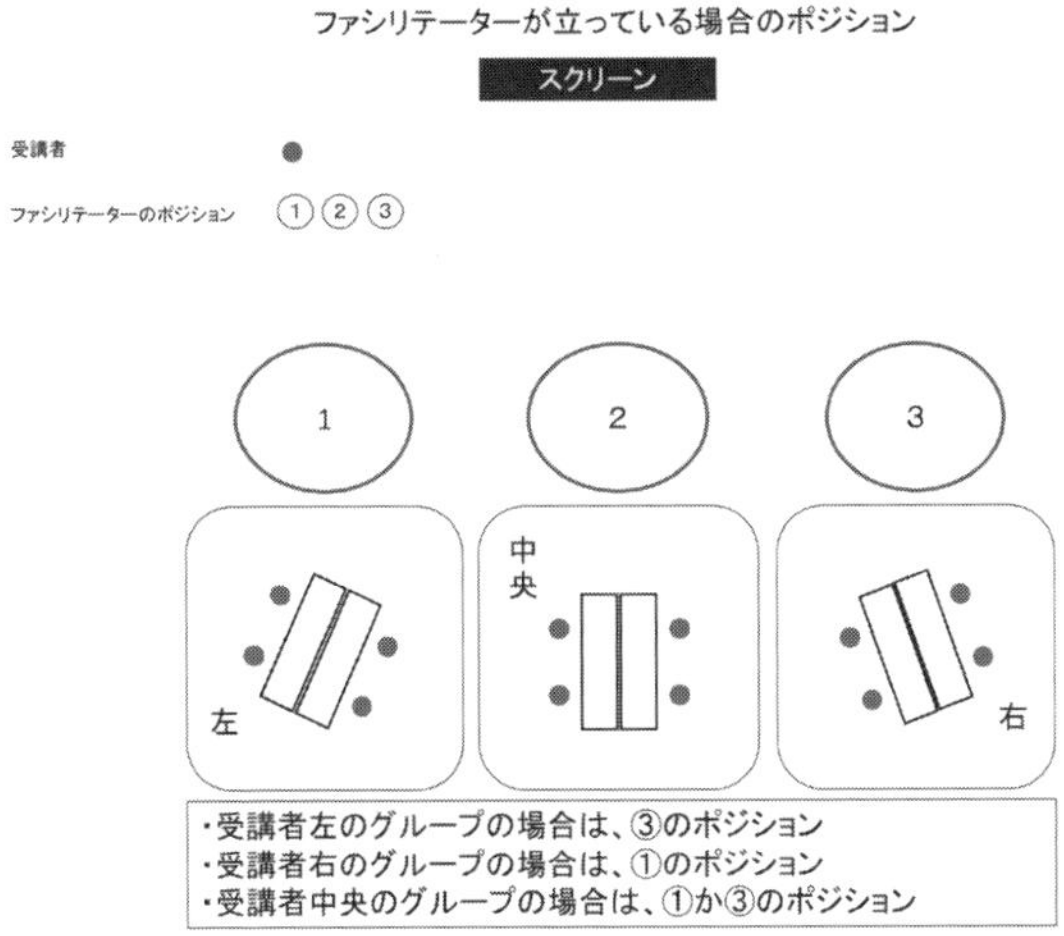
ファシリテーターが立っている場合のポジション
スクリーン
受講者
ファシリテーターのポジション ①②③
1
2
3
中央
左
右
・受講者左のグループの場合は、③のポジション
・受講者右のグループの場合は、①のポジション
・受講者中央のグループの場合は、①か③のポジション

受講者の考えを引き出して発表してもらう研修では、受講者とコンサルタントの隔たりがないようにしています。そのため、壇上や演台は使わないようにしています。また、話しやすい距離感を保つようにもしています。

ファシリテーションする場合は、特にファシリテーターと相手との間に物質的・心理的隔たりがないように注意します。発表者グループが座っていると、こちらも座ったままの方が発表者の意見が活発に出てきます。お互いに座ったままで進めるのであれば、距離感が近い方が良いです。

また、ファシリテーターが立ったままで進める場合は、発表者が座っているグループの斜め45度辺りのポジションで進めます。この場合は、距離感を遠くします。座っているグループの真直ぐ目の前に立ったままでファシリテーションを進めると、発表者から活発な意見が出てきません。受講者としては座っているのに、その近くで立たれると威圧感があり、緊張する人もいるからです。真正面だと対立関係になり、隣同士だと同調関係になりやすいと心理学でも提唱されており、これはスティンザー効果とも呼ばれています。

職場でも、対話する際に相手から活発な意見を言ってほしい場合は、真正面で話すのではなく隣や斜め45度辺りのポジションで座って話す事で、活発な対話ができるようになります。

## 相手を褒める・認める・労う

私はトップコンサルタントから、人を褒める重要性を教えてもらいました。

大きな結果を出した時に褒める人は多いですが、それだけではなく、小さな行動や結果でもすぐに気づいて褒める事が重要です。人は小さな行動や結果を褒めてもらえる事で、相手との関係性は安全なものだと感じるのです。安全な関係性だと認識することで、人は自己開示したり、自由な発想を伝えたり、更に頑張ろうという動機付けに繋がったりします。つまり、信頼関係を作り思考と発言を活発にできる安心の場を作るためには、褒める事が非常に効果的だという事です。

更に、褒められた人だけではなく、褒めた人自身にも好影響があります。相手に向けた感情や行動や、思考が、そのまま自身にも影響してくるのです。相手を凄いと思って褒めると、自分の凄いと思える視点も認識できて自信がついていきます。この事を、心理学で「ミラーイメージの誤謬」と言います。仕事をする上ではお互いに褒め合って、良い影響を与え合う関係性を作りたいものです。

実際に、研修では全員から自由なアイデアを発表してもらい、ポジティブ思考で考えて発表してもらうために「褒める・認める・労う言葉」をファシリテーターが伝えます。当然のことですが、ファシリテーターは人の成長を応援するマインドを大切にしましょう。

しかし、よくある事ですが、実際に私がコンサルティングすると、クライアント組織の管理職の方々がよくおっしゃるのが「褒められた事がないから、どう褒めたらいいか分からない」というコメントです。その時は、私は管理職の方に「褒める言葉を教えますので、褒める事が重要と感じていただけるのであれば挑戦してみてください」と伝えて、次の言葉から使ってみるようにお伝えしています。

「いつもありがとう」
「いいね」
「すごいね」
「助かっているよ」

「さすがだね」
「期待しているよ」
「あなたのおかげだよ」
「よく頑張ったね」
「大丈夫だよ」
「頑張っている事がすごく嬉しいよ」

「褒める・認める・労う」事に慣れてない方は、このようなシンプルな言葉から発してみるように挑戦してください。そして、シンプルな褒め言葉に慣れてきたら、相手の良い点をあなたの言葉で伝えるようにしてみるのです。

会議やミーティングや、研修では、相手が発言してくれた事にまずは「いい発言だね」などの「褒める・認める・労う」言葉を伝えて、相手が「発言して良かった！　安心して話す事ができる」と感じてもらえるように関係性を作っていきましょう。

## 受講者が発表している最中は相槌と合いの手を忘れない

発表者が発表している最中に忘れがちなのが、ファシリテーターの反応です。まず、1つ目の反応は相槌です。相槌は、発表者の心理に好影響を与えます。相槌をしながら聞いてもらっていると思うことで、自分の考えが受け入れられていると感じて、オープンに意見を言えるのです。更には、発表中に思考が活性化し、発表者の内容に枝葉が付き意見が広がります。相槌がないと、意見が間違っているから聞き手に受け入れられていないのではないかと感じて、発表中に「もうこれ以上発表するのを止めよう」という心理になり、発表の内容が薄くなる可能性が高まります。

多い時で年間180回以上の多くの研修や会議などで話をしている私でも、未だに受講者からの反応がないと、「あれ、自分の言っている事は間違っているのかな。これ以上言わない方がいいのかな」と感じてしまう事があります。どれだけ経験を重ねても、周りからの反応がないと「これ以上は止めよう」という心理が働くのです。

続いて2つ目の反応は、合いの手を入れる事です。討議は日常の会話と同じで、話している時に聞き手からの合いの手がなければ、話しづらいのです。日常会話で相手が無反応だとガッカリしますよね。そのため、ファシリテーターであるコンサルタントは聞き手として合いの手を入れるのです。

職場でも、誰かと対話する時には、相槌や合いの手は必要です。それは、ミーティングなども同じです。発表者に自分の感じている事をできるだけ多く言葉にしてもらうためにも、聞き手は相槌と合いの手を入れていきましょう。そうすることで、活発な意見が出てくるミーティングが実施できます。

## 研修はじめの1時間はNHKのアナウンサーが話すペースで話す

第3章の「相手に最短で伝わる方法を徹底して探る」で、「相手に受け入れてもらう立ち振る舞い」としてNHKのアナウンサーが話すスピードで話せば、相手に好感を持たれて信頼に繋がりやすいと説明しました。

ファシリテーションでも、トップコンサルタントが意見を引き出すために特に意識していたのは、初対面の方々と話すスピードでした。一般的に心地よいスピードとされているNHKのアナウンサーのように話すよう気を付けていたのです。

私たちのファシリテーション型研修では、受講者の意見やアイデアを引き出すワークを多く設けていました。ですので、研修がスタートしてテキストの第2章ぐらいまではNHKのアナウンサーのスピードで、比較的ゆっくりと話すのです。研修のはじめは、受講者も「どんなコンサルタントなんだろう?」と思っています。その時に、コンサルタントの話すスピードが速いと「話が速くて分かりにくい」と受講者が思ってしまいます。はじめにそう思われると、その後も挽回できず、研修内容は受講者にとって全て分かりにくいものとして認識され、ファシリテーションが出来るほどの信頼関係が築かれない状態になるのです。人は第一印象が大事と言われますが、同じくコンサルタントも第一印象は大事ですから、話すペースも相手から信頼されるように意識しておくのです。

研修で初対面の方とのはじめのテンポがNHKのアナウンサーのペースで話して、打ち解けだす目安を1時間と考えて、その後はテンポを上げていきます。

「全ての時間を、同じテンポで話してはダメなの?」と思われる方がいらっしゃるかもしれませんね。

研修では、コンサルタントが数時間NHKアナウンサーと同じテンポだと、聞いている方は、退屈になってしまいます。退屈になると眠ってしまうのです。退屈にならないために研修1時間以降はテンポを速くしたり遅くしたりコントロールして、聞いている人たちの心地よさと集中が持続するようにしていくのです。

## 関係性の前提作りを行う

私たちコンサルタントがクライアントの方々と対話する時に、相手の方が「コンサルタントが答えてくれる」と思っている場合はよくあります。「どうすればいいのですか？　教えてください」と質問されて、本来自分もどうすればいいのか考えるべき人であるにもかかわらず、自身は考えずに答えを求めてくるのです。同じく様々な職場でも、部下は上司が答えを教えてくれるものだと思って、上司の答えを待っているケースをよく聞きます。

私たち日本人は、小さい頃より学校の先生から答えを聞き、それを覚えるという教育で育ってきました。その延長線上で社会人となっても、上下関係の上の人が答えを持っていて、下の人たちが覚えて実践するものという暗黙の認識のようなものがあるのかもしれません。

私たちが、研修などで登壇に立つと、受講者は「コンサルタントの話を聞くもの」という意識の方たちが多いです。その意識のままだと、受講者は自ら考えて自分の答えを持つことはできません。発言を促してもアイデアが出ずに、問題解決に繋がることも自己成長に繋がることもないのです。それでは「人と人との相互作用を促進する」ファシリテーションになりせんよね。

だからこそ、ファシリテーションがある研修では、受講者との関係性を認識するために、どのような関係性で研修の時間を進めていくのかを受講者と一緒に確認しています。研修のはじめに

「この時間で、考えて答えを見つけていくのは受講者の皆さんです。私はそのサポート役です」と伝えておきます。

職場でも、上司が部下に対して自発的に答えを見つけて欲しいと思っている場合は、対話やミーティングをする時に、ファシリテーター役は上司、考えて発言するのは部下と役割を確認し合ってください。上司は、部下に「この時間は、自分で考えた事を自由に発言してください。私は答えを与える側ではなく、あなた自身の答えが見つかるように、意見を整理したり、質問で引き出していきます」と伝えて関係性を認識し合うのです。この認識し合う過程を疎かにしてしまうと、部下から「質問ばかりして、上司は何も教えてくれない！」と不満が出てしまうのです。社内エンゲージメントを高めるためにもファシリテーションは非常に有効です。そのファシリテーションができるよう、関係性設定をまずはやっていきましょう。

## 討議ワークは受講者グループに椅子を置き討議に介入する

ファシリテーションがある研修では、受講者グループで討議ワークをしてもらいます。受講者同士で討議してもらう事で様々な視点を共有し、考えやノウハウまでも共有した上で新しい意見やアイデアが出てくるためです。まさに「人と人との相互作用を促進する」のです。ファシリテーターは、その時にグループに討議を任せるだけでは、討議が活発にならないケースもあります。

その為、討議してもらう時に全てのグループの状況を把握します。注目する軸は3つです。

**①テンポ良く意見が出ている**
**②特定の人だけではなく全員の意見が出ている**
**③ポジティブな視点で話している**

この3つの軸で、1つでも軸からそれているグループにはファシリテーターが介入します。介入した時には、必ずそのグループと同じ目線で話すために椅子に座り介入します。そして、①②ができていなければ、グループのメンバーを名指しで「○○さんは、どう考えますか？」などと投げかけて意見を言ってもらいます。③ができていなければ、ポジティブな視点で考えられる質問を投げかけます。例えば「難しくて私たちではできないよね」などの意見が出ているのであれば、「では、やってみようと思うためには、どうすればいいのでしょうか。○○さんは、どう考えますか？」とポジティブ視点の質問を投げかけてみます。

## 相手が実践に繋がる質問をする

ファシリテーションは、「人と人との相互作用を促進する」働きですので、その為には、相手への問いかけは必要不可欠です。あくまで、答えを出すのは相手という事です。ファシリテーターは質問を投げかけて相手の考えを引き出していきます。相手が考えて発言する事で、その人の内発的動機付けに繋がるのです。

内発的動機付けに繋げるためには、相手が行動したいけど起こせずに障害となっている制限が何かを見つけて、その制限を外すための視点を投げかけて意識してもらうことが必要です。そのために、質問を効果的に使用していきます。相手が「難しい」「できない」「やりたくない」などの制限を自身にかけている場合に、「どうすればできますか」「どこまでは、やさしいですか」「何をどう変えればやりたくなりますか」などと、相手が自身で持っている制限を、どうすれば外せるのかを投げかけてみます。つまり、リフレーミング（相手の枠組みを外す）して相手の視点を変える質問をしていくのです。

または、顧客の目線で考えてもらう事も非常に有効な方法です。例えば、「それをやってみると、お客様はどう感じると思いますか」などと目線を変えるのです。時々、相手の視点を変える質問を繰り返していると、受講者から「では、あなたはどうするのですか?」と逆にコンサルタント

図29：リフレーミング

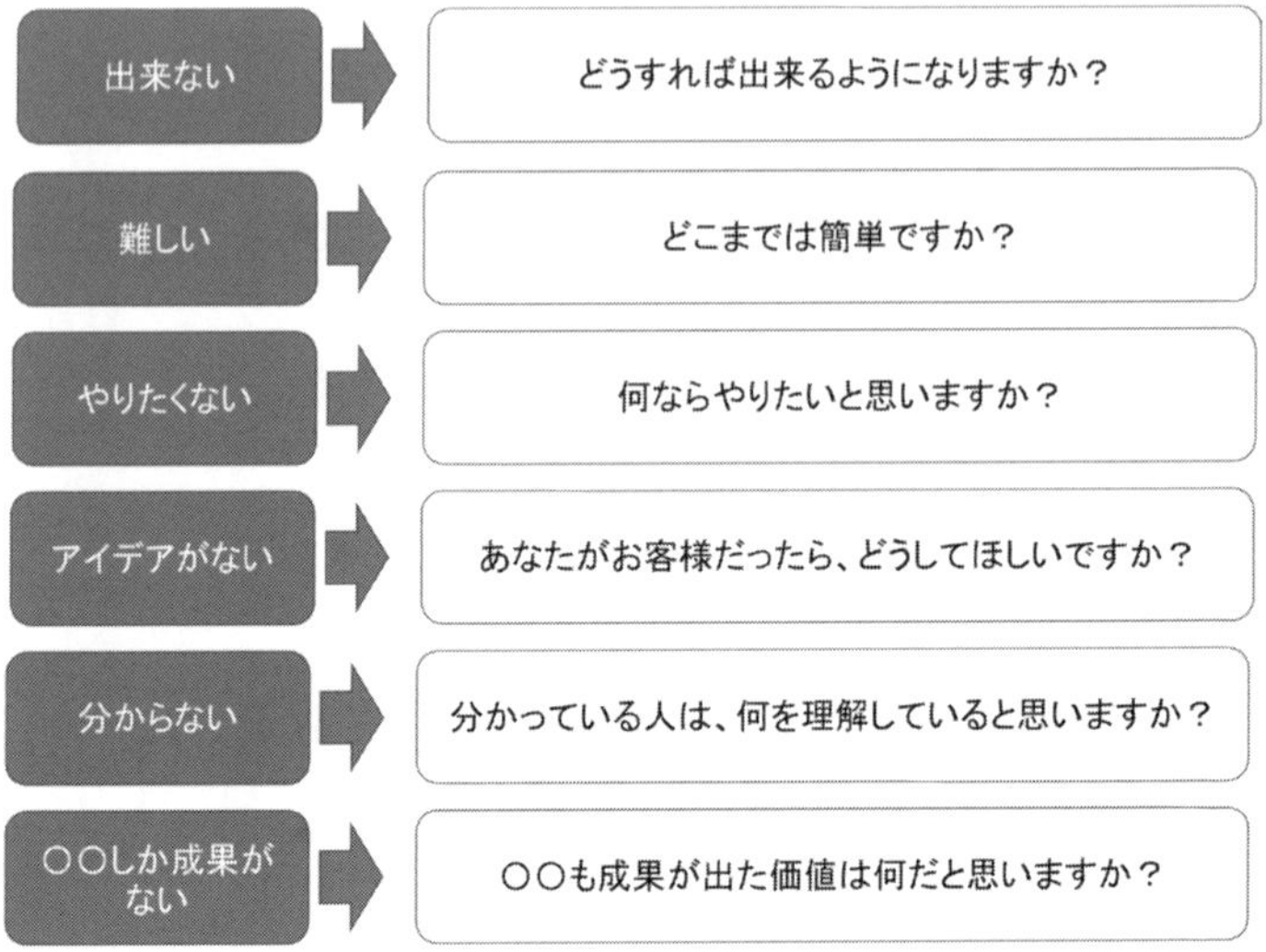
出来ない
どうすれば出来るようになりますか？
難しい
どこまでは簡単ですか？
やりたくない
何ならやりたいと思いますか？
アイデアがない
あなたがお客様だったら、どうしてほしいですか？
分からない
分かっている人は、何を理解していると思いますか？
○○しか成果がない
○○も成果が出た価値は何だと思いますか？

が問われる事があります。そこでは、私は答えないようにしています。答えてしまうと、相手の思考を止めてしまうからです。相手が私の答えを正解だと思ってしまうと、そこで相手の思考は止まりますので、その時にはこう答えています。「あなたがどう考えるかが大事なので、私の考えは参考として最後に話しますね」と。

## ホワイトボードを活用する

### (1) 発表してもらうテーマをホワイトボードに事前に書いておく

ファシリテーションを進める上で、ホワイトボードで見える化する重要性は説明致しましたが、目的は5つ、

①全員で確認
②意見の整理
③結論を出す
④解釈を擦り合わせる
⑤共有

でしたね。その他の効果としては、ホワイトボードで見える化しておくことで、相手がテーマを意識して熟考した上で発言してくれるのです。そのため、テーマから外れた発言になる事も防ぎます。相手が会場に入ってきて、真っ先に見るのはホワイトボードです。そこに、書いてある文

図 30：ホワイトボードにメインテーマを書いておく

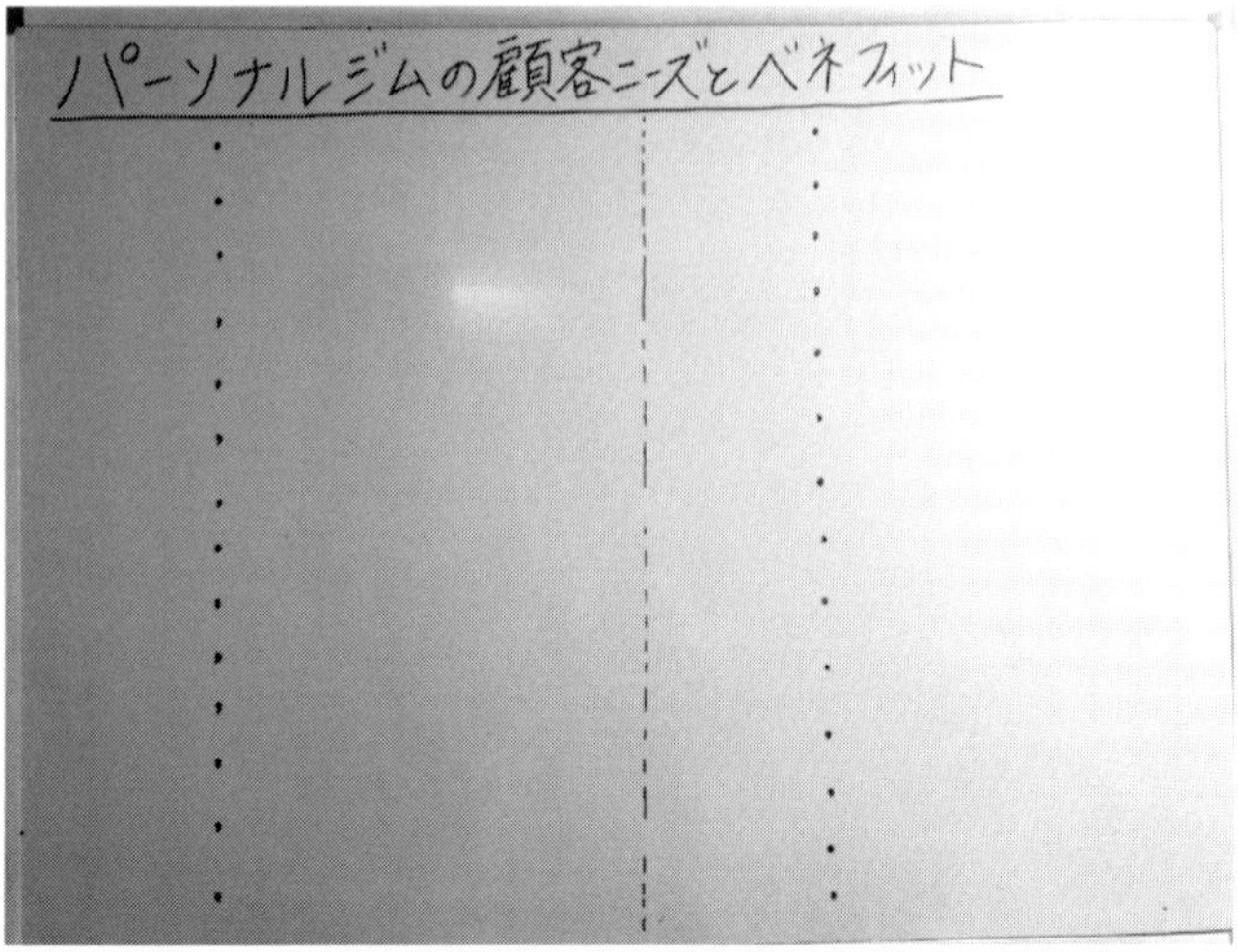


字を見て、これから何を考えたり話したりするのかを意識します。このことを踏まえて、ホワイトボードに最初に書いておく内容は、相手に1番意識してもらいたいテーマにしておきましょう。

相手が何を見て意識し出すか、何を意識して考え出すのか、何を意識して発言するのかが理解する事でファシリテーションが進めやすくなります。人が発言するためには、意識→感情や思考の整理→発言というステップをたどると覚えておきましょう。私がクライアントの研修をオブザーバーとして見学させてもらうと、時々ホワイトボードに研修のメインテーマとは違う内容が書かれている場合があります。そうすると、メインテーマを意識ができないのです。受講者からメインテーマの発言が出てきづらい様子が見えます。メインテーマから外れた発言が多く、結局は受講者全員がメインテーマは難しいものとして認識して研修を修了しているのです。

このような状況を防ぐためにも、ホワイトボードには、相手に意識してほしいメインテーマを書くようにしましょう。

## (2) 研修で受講者が発表した内容は全てホワイトボードに書く

次に、ファシリテーターが事前準備で練習してきたように発表で出た意見やアイデアを、テーマの下に全部書いていきます。発表した内容を誰が見ても理解しやすいように書いていくことを意識してください。発表した内容と一語一句同じように書く必要はないです。

口頭で話している時は文脈を感じて内容を理解していきますが、その通りに文章にすると、長文で分かりにくい文章になってしまい、まとまりがなく理解不能の内容になる事があります。そのため、発表内容は要約や要点を整理して理解しやすいように書いていきます。できる限り、1つの要点を1つの文章にして書いていきます。長さは1文章30文字程度までです。ホワイトボードの幅1800㎜として、横書きでホワイトボード半分に収まる長さにまとめます。

発表内容で、複数の人たちから同じ意見が出てきた時は、書いている同じ意見の横に正の字で数字を書いていきます。正の字で書くと何人が同じ意見を持っているかが理解できます。

発表者の話している内容や言葉の定義が分からない場合は、その場で確認していきます。「それはどういう内容ですか?」などと、その場にいる全員が理解できるように質問しながら書いて

図31：ホワイトボードに意見を全て書く

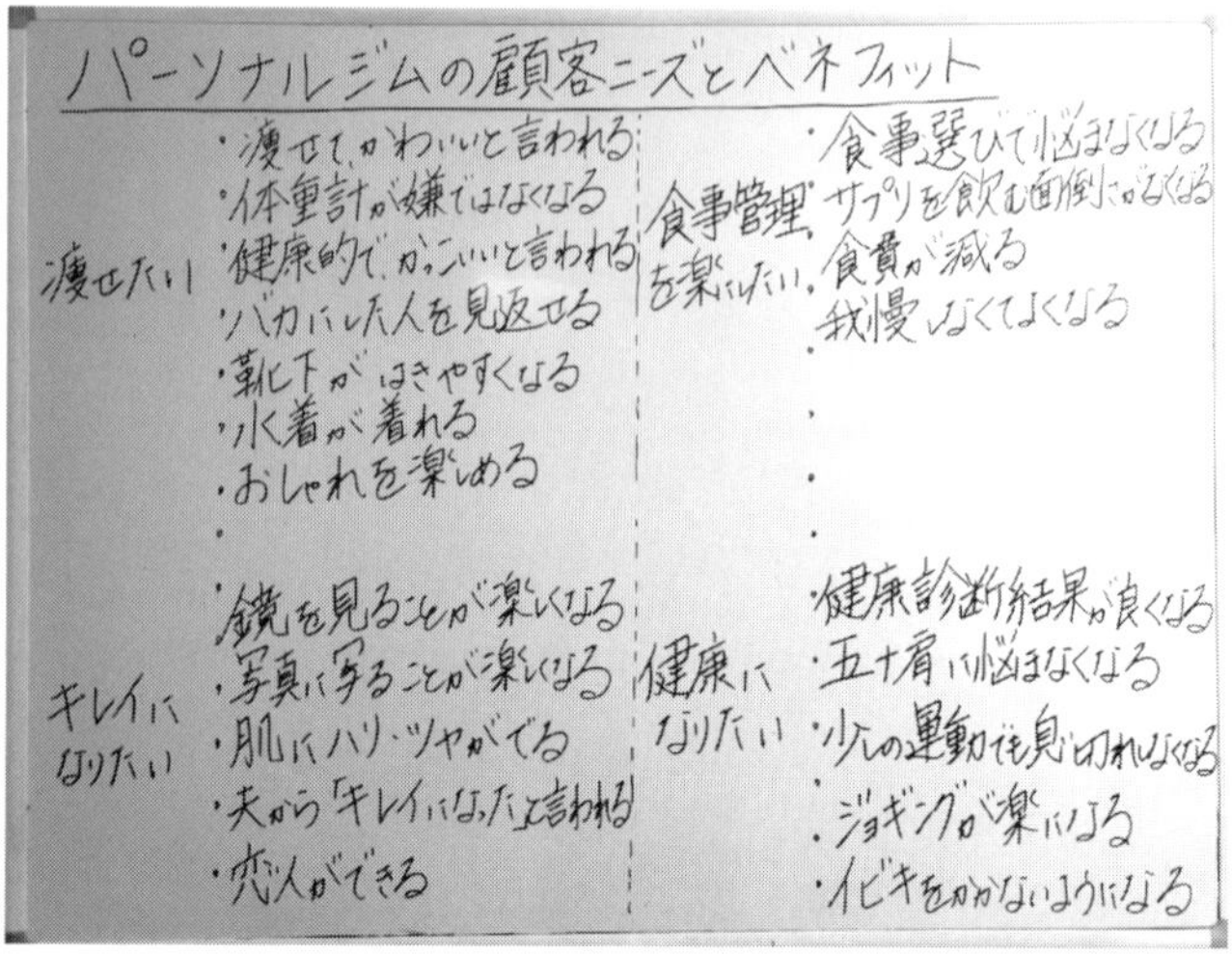
パーソナルジムの顧客ニーズとベネフィット
痩せたい
・痩せて、かわいいと言われる
・体重計が嫌ではなくなる
・健康的で、かっこいいと言われる
・バカにした人を見返せる
・靴下がはきやすくなる
・水着が着れる
・おしゃれを楽しめる
キレイになりたい
・鏡を見ることが楽しくなる
・写真に写ることが楽しくなる
・肌にハリ・ツヤがでる
・夫から「キレイになった」と言われる
・恋人ができる
食事管理を楽しみたい
・食事選びで悩まなくなる
・サプリを飲む面倒さがなくなる
・食費が減る
・我慢しなくてよくなる
健康になりたい
・健康診断結果が良くなる
・五十肩に悩まなくなる
・少しの運動でも息切れしなくなる
・ジョギングが楽しくなる
・イビキをかかないようになる

いきます。

ホワイトボードには、全て書いた後で意見を分類し整理していきますので、分類するための余白を残しておきましょう。

### (3) ホワイトボードに書いた発表内容を分類する

発表を全て書き終えたら分類していきます。テーマに対して出てきた意見に、どのような要点があるのか分類するのです。ホワイトボードには分類するための余白を残しておくので、そこに青のホワイトボードマーカーで分類したキーワードを書きます。

青は冷静に意見を落ち着かせる心理的効果があるため、青のマーカーで分類していくのです。他の色の心理的効果として、赤のマーカーは、緊急性がある意見や注意してもらいたい時に使います。赤には、注意や警戒を促す効果がある

図 32：ホワイトボードに意見を分類

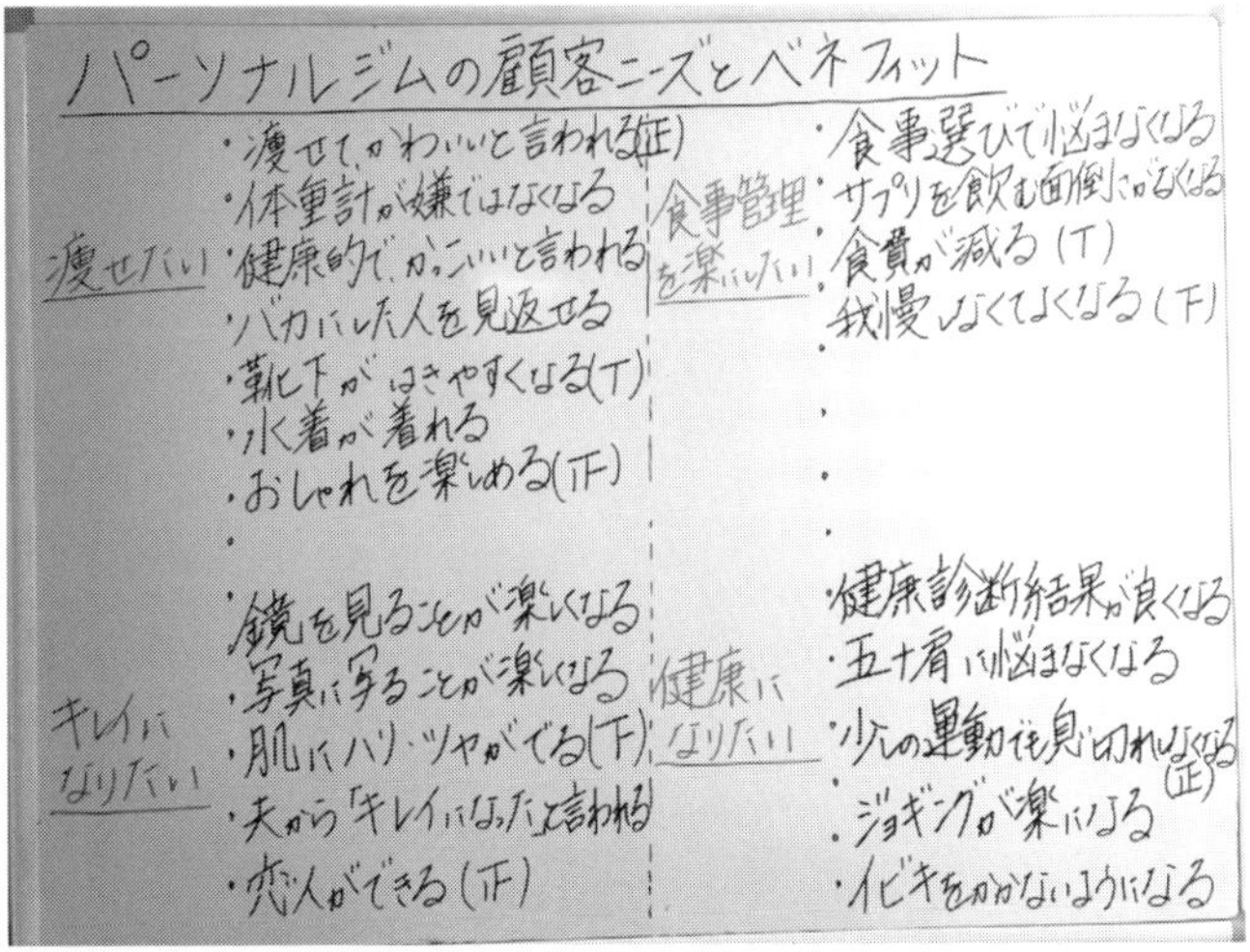
パーソナルジムの顧客ニーズとベネフィット
痩せたい
・痩せてかわいいと言われる(正)
・体重計が嫌ではなくなる
・健康的でかっこいいと言われる
・バカにした人を見返せる
・靴下がはきやすくなる(T)
・水着が着れる
・おしゃれを楽しめる(正)
キレイになりたい
・鏡を見ることが楽しくなる
・写真に写ることが楽しくなる
・肌にハリ・ツヤがでる(下)
・夫から「キレイになった」と言われる
・恋人ができる(正)
食事管理を楽にしたい
・食事選びで悩まなくなる
・サプリを飲む面倒がなくなる
・食費が減る(T)
・我慢しなくてよくなる(下)
健康になりたい
・健康診断結果が良くなる
・五十肩に悩まなくなる
・少しの運動で息切れしなくなる(正)
・ジョギングが楽になる
・イビキをかかないようになる

ためです。

もし、青色のマーカーが無い場合は、黒のマーカーで分類したキーワードを書き、強調するためにキーワードを枠で囲みます。

### (4) ホワイトボードに書いた内容は間違いないか確認する

書き終わったら、ホワイトボードに書いた内容が発表した内容と相違ないかを、読みながら確認していきます。もしくは、書いたファシリテーター側は読まないで、「相違ないかご確認ください」と相手に投げかけて確認してもらいます。

ホワイトボードに書いた側が全て発表通りに書いたと思っていても、実は、発表者が意図していない内容となっている場合もあります。人それぞれ考えている定義が違う事が多いので、発表者が考えている定義とファシリテーターが発表を要約して書いている内容が同じ定義なのか確認する必要があります。この確認する過程を飛ばしてしまうと、発表者が「自分が考えていた事と違う認識で受け止められた」と感じてしまい、ファシリテーターへの信頼が弱まってしまいます。

発表者とファシリテーターの関係に限られた事ではなく、人間関係でも同じ事が言えます。例えば、上司が部下に「会議の資料を準備しておいてください」と伝えたところ、部下はＰＤＦで作成してプロジェクターで投影できるように準備していた。しかし、上司は資料を用紙で作成し、人数分印刷して用意して欲しかったと考えていた。そうすると、上司は部下に対して「おいおい、そこから教育しないといけないのか。面倒な部下だな」と思ったり、部下は「何故、資料は用紙で印刷して人数分用意するようにと説明しないのだろう」と上司に対して不信感を持つことがあります。

人それぞれ言葉の背景にある定義が違う場合があることを忘れないでください。言葉は同じでも立場や業界や業種が違うと、案外違う定義付けをしている場合があるわけです。また、同じ業界や業種であっても、その人の意識や視座によっても定義付けが違っている事もあります。定義が違ったまま行動に移すと相違が生まれて、お互いの信頼関係が築けなくなるだけではなく、結果が出るまでに衝突や問題が発生して上手くいかなくなるのです。

そのため、ホワイトボードで見える化した後に、必ず定義が相違ないか確認する過程を入れましょう。

### (5) 要点をまとめて結論を出す

発表内容を全部ホワイトボードに書き、分類して、全員の考えの定義を擦り合わせた後には、結論として何が言えるのかをまとめていきます。

ただし、私たちコンサルタントが結論を出すわけでは決してありません。結論は、発表した皆さんでまとめてもらうのです。そのため、ホワイトボードに書いた発表内容と要約・要点を読み上げた後には、討議ワークをしてもらいます。討議ワークは少人数で、最大で6人にしています。人数が増える程、結論が出にくくなり、そのグループで声が大きい人で結論を決めてしまう事に繋がるからです。

ファシリテーションする場合に意識しておくのは、ファシリテーターが結論を出さないという事です。考えて判断する能力を鍛える必要があるのは誰なのか、考えて行動に移していく人は誰なのか、考えて意識を変えていくのは誰なのか、そして、意見を交わしイノベーションを起こしていくのは誰なのかを考えて、その人たちに結論を出してもらうように導いていくのです。

導くためには、結論を出しやすい体制作りとして少人数のグループで、考えを促すような投げかけをします。その投げかけはホワイトボードを見ながら「皆さんからこのような意見が出てきました。ここから、私たちとして出来る事は何だと考えられますか」というようなものです。ホ

図 33：ホワイトボードに結論を書く

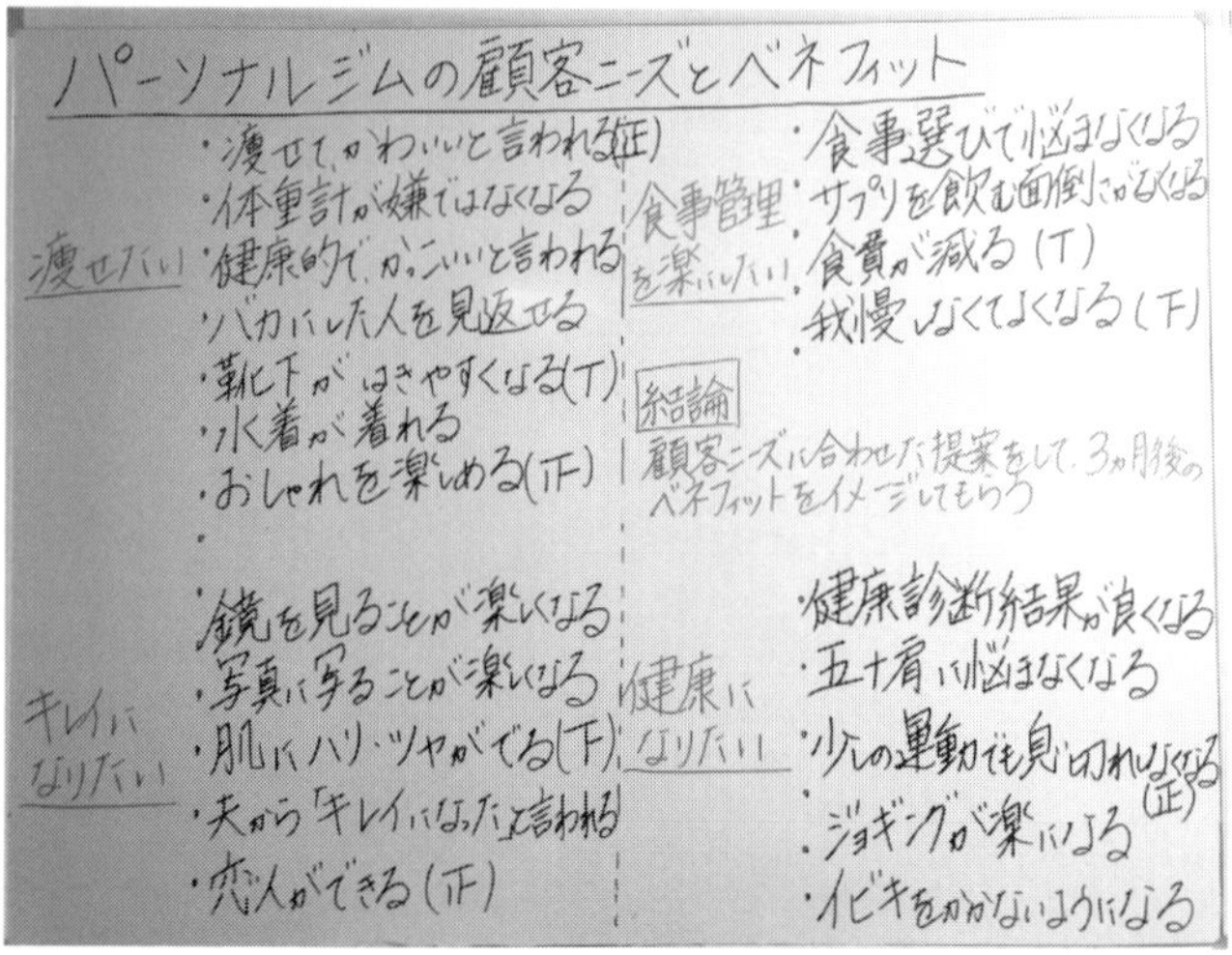
パーソナルジムの顧客ニーズとベネフィット
痩せたい
・痩せてかわいいと言われる(正)
・体重計が嫌ではなくなる
・健康的でかっこいいと言われる
・バカにした人を見返せる
・靴下がはきやすくなる(T)
・水着が着れる
・おしゃれを楽しめる(正)
食事管理を楽にしたい
・食事選びで悩まなくなる
・サプリを飲む面倒がなくなる
・食費が減る(T)
・我慢しなくてよくなる(下)
結論
顧客ニーズに合わせた提案をして、3ヵ月後のベネフィットをイメージしてもらう
キレイになりたい
・鏡を見ることが楽しくなる
・写真に写ることが楽しくなる
・肌にハリ・ツヤがでる(下)
・夫から「キレイになった」と言われる
・恋人ができる(正)
健康になりたい
・健康診断結果が良くなる
・五十肩に悩まなくなる
・少しの運動でも息切れしなくなる(正)
・ジョギングが楽になる
・イビキをかかないようになる

ワイトボードで見える化していますので、論点もズレないで討議が進められます。

討議が終われば、結論を発表してもらいます。その結論をホワイトボードに青のマーカーで書いていきます。

## ⑹　5W1Hで決めてもらう

討議したテーマが行動に繋げる内容であれば、すぐ具体的にすぐに行動に繋げる方法を決めてもらいます。

結論を発表してもらい、ホワイトボードに書いた時に確認していただきたいのは、発表してもらった結論ですぐに行動に移せるかという事です。結論が大枠で抽象的なものになっていると、すぐに行動できない事が多いのです。

そのため、結論に対して5W1Hで詳細行動を考えてもらいます。

## 図34：5W1Hで考えるポイント

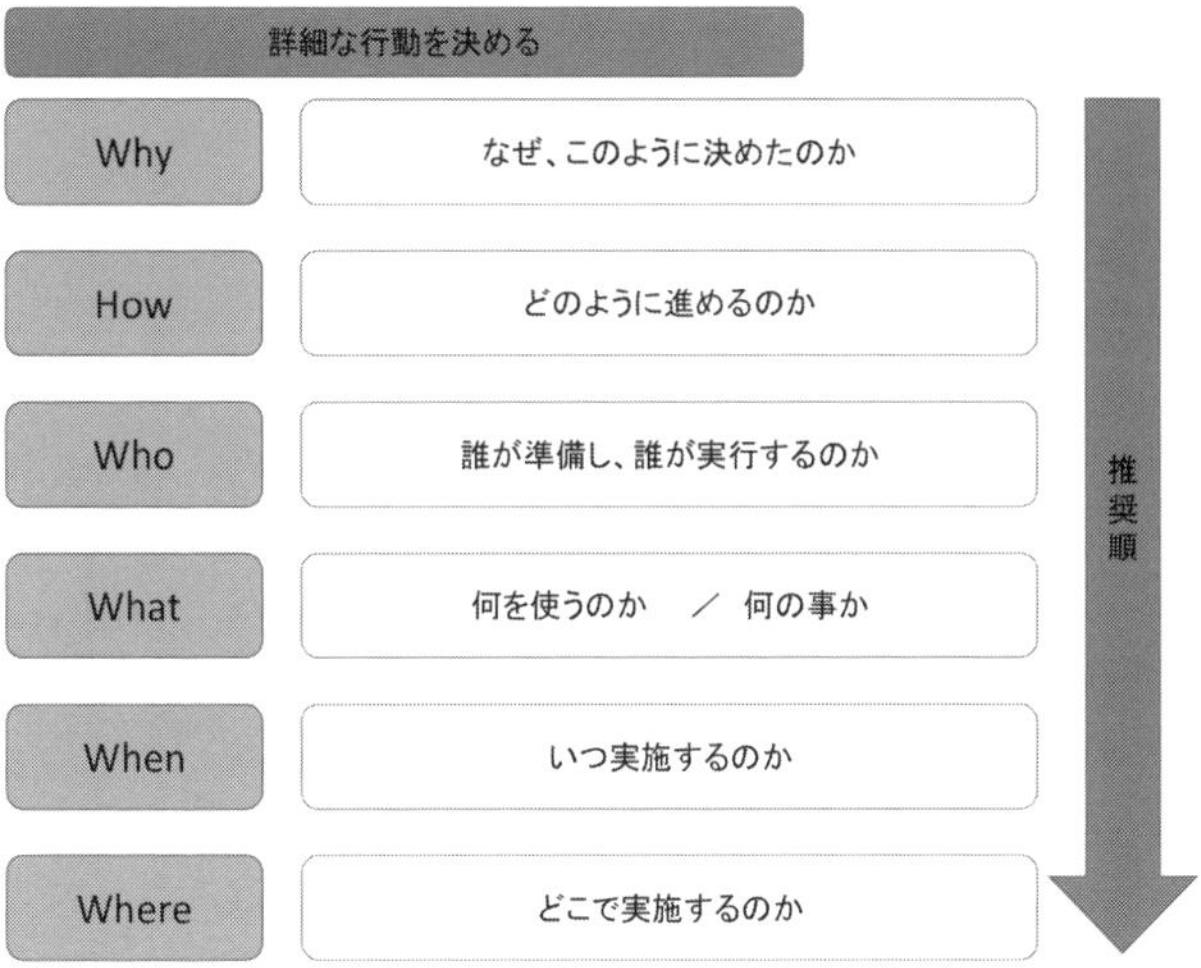

詳細な行動を決める
Why
なぜ、このように決めたのか
How
どのように進めるのか
Who
誰が準備し、誰が実行するのか
What
何を使うのか　／　何の事か
When
いつ実施するのか
Where
どこで実施するのか
推奨順


① Why「なぜこのように決めたのか」
② How「どのように進めるのか」
③ Who「誰が準備し、誰が実行するのか」
④ What「何を使うか」「何の事か」
⑤ When「いつ実施するのか」
⑥ Where「どこで実施するのか」

この、6つの項目について詳細を考えて決めてもらうのです。もちろん、ファシリテーターが決めるわけではないので6つの質問を投げかけて相手に決めてもらいます。また、決める順番は基本的に①→②→③→④→⑤→⑥を推奨しています。ただ、テーマによっては③と④が入れ替わった方が決めやすい場合もありますので、そこは臨機応変にしてください。

決めた詳細はホワイトボードに青いマーカーで書いていきます。この中で、緊急度や重要度

図 35：ホワイトボードに詳細な実践行動を書く（5W1H）

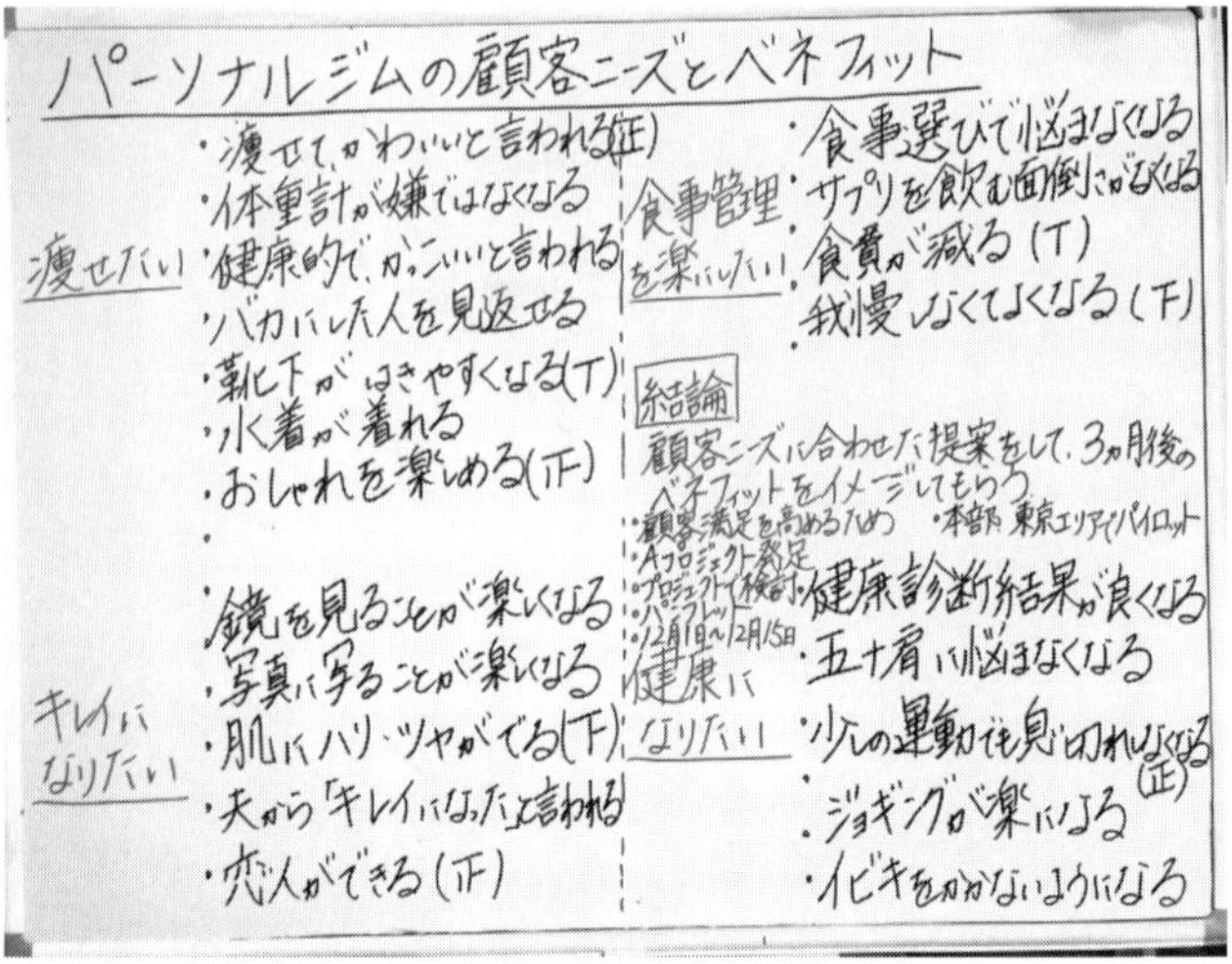
パーソナルジムの顧客ニーズとベネフィット
痩せたい
・痩せて、かわいいと言われる(正)
・体重計が嫌ではなくなる
・健康的で、かっこいいと言われる
・バカにした人を見返せる
・靴下がはきやすくなる(T)
・水着が着れる
・おしゃれを楽しめる(正)
キレイになりたい
・鏡を見ることが楽しくなる
・写真に写ることが楽しくなる
・肌にハリ・ツヤがでる(下)
・夫から「キレイになった」と言われる
・恋人ができる(正)
食事管理を楽にしたい
・食事選びで悩まなくなる
・サプリを飲む面倒さがなくなる
・食費が減る(T)
・我慢しなくてよくなる(下)
結論
顧客ニーズに合わせた提案をして、3ヵ月後のベネフィットをイメージしてもらう
・顧客満足を高めるため
・本部 東京エリアでパイロット
・Aプロジェクト設定
・プロジェクト検討
・パンフレット
・12月1日〜12月15日
健康になりたい
・健康診断結果が良くなる
・五十肩に悩まなくなる
・少しの運動でも息切れしなくなる(正)
・ジョギングが楽になる
・イビキをかかないようになる

が高い事や注意すべき事がある場合は、赤のマーカーでチェックしておきます。

## (7) ホワイトボードは写真に撮り共有する

これまでの説明のようにホワイトボードに見える化して進めると、ホワイトボードには様々な意見が書かれており、要点と結論もまとめられているわけです。このホワイトボードを活用していきます。これだけで、討議内容のプロセスも分かりますし、決議した事も分かるわけです。

ホワイトボードは写真に撮り、討議に参加している人たちに配ります。また、不参加であった人達にもホワイトボードの写真を渡す事で情報を共有できます。巻き込みたい人達にも、このホワイトボードの写真を使って後日説明してもいいでしょう。

私たちコンサルタントのチームではDropboxでデータ化してお互いのプロジェクトの状況を共有し合っていました。ホワイトボードの写真であればすぐに共有できるので、情報もリアルタイムで共有できるという利点があります。

ただ、どうしてもWord®などで体裁を整えたい場合は文章化しても大丈夫です。その時、注意して欲しいのは、結論だけを書くのではなく、ホワイトボードの討議内容を忠実に文章化する事です。私がコンサルティングしたある組織では、結論だけを文章化して、討議に不参加の人たちにも共有されたのですが、書類を気にも留めていない人や「一方的に決めている」とネガティブに感じる人が続出してしまい、行動に移す事ができずに問題になった事があります。

人は結論に至ったプロセスやロジックが分からなければ、内容を信用しません。会社の決議書などにおいても同じ事が言えますので、ご注意ください。

また、情報はクローズにすると信頼が生まれにくいため、情報はできる限りオープンに共有していくように努める事で、そこに関わる人と人の間に信頼が生まれやすくなるのです。

私たちコンサルタントは、効率が良く共有するにも使い勝手が良い活用ツールとして、ホワイトボードを使っているのです。

## 言語化を明確にする

発表を聞く時に、ファシリテーターとして意識すべきは、「発表者の言語化を助け、周りの人の理解に繋げる」事です。人によっては、自分が頭で思っている事や考えている事をなかなか言語化できない場合があります。

あなたにも考えて欲しいのですが、あなたは思考を100％言語化して人に伝えきれていますか？　また、あなたが言語化した内容は、あなたが思っているそのままの意味で相手に伝わっていますか？

多くの方が、この質問にはＮＯと答えます。ですので、ファシリテーターは、発表者の言語化のサポート役となり、分かりにくい言語は、聞き手側が分かりやすいように変換を促していくのです。では、どうやってサポートしていくのか、その方法を説明致します。

### (1)　討議の進め方としてサポートする方法

研修において受講者が全体的に未だテーマについて認識が薄いと言う場合や、考えが浅いという場合は、１人ひとりが考える時間を取ります。その際には、付箋を使って受講者１人ひとりに考えを書き出してもらうのです。そして、書き出したものを受講者グループで共有して、似た意見で纏めてもらい、何故そう書いたのか1人ずつ話し合ってもらいます。そうする事で、グループ内のメンバー同士の言葉から自分の言語化のヒントが見つかり、1人ひとりの言語化スキルが促進されます。

### (2) 言語化すべき視点を細分化して決めておく方法

あまりに抽象度が高く大きな枠組みでは、言語化が進まない場合があります。そのため、言語化すべき具体的な視点を、ファシリテーターが用意しておくのです。

例えば、「社会問題についての考えを発表してください」と言っても、社会問題は大きな枠組み過ぎて言語化が進みにくいため、「今の日本で起こっている社会問題、『少子高齢化』『待機児童』などについて、あなたの考えを発表してください」と細分化して設定すると考えが進むのです。

細分化する際は、下記のような切り口やフレームワークがあります。ここでは主にファシリテーションが必要な研修でよく使うものを載せておきます。

【視点を変えて考える：アンフレームワーク】

① 時系列：過去・現在・未来

② 範囲：場所・時間・数字・年齢等

③ 量と質

図36：細分化する切り口（抜粋）

| 【細分化するアンフレームワーク】視点を変えて考える | |
|---|---|
| 時系列 | 過去・現在・未来 / 1月2月3月・・ など |
| 範囲 | 場所 / 時間 / 数字 / 年齢 ・・ など |
| 量と質 | 量・質 |
| 損得 | メリット・デメリット |
| 振り返り | 良かった点・悪かった点 |
| 改善 | 課題点を考え、次に改善点を考える |
| 目的・目標 | 目的を考え、次に目標を考える |
| あるべき姿 | あるべき姿・現状 |
| 出来る事 | コントロール可・コントロール不可 |
| 振り返り | 良かった点・悪かった点 |
| 優先順位 | 緊急度・重要度 |

④メリットとデメリット
⑤良かった点と悪かった点
⑥課題と改善点
⑦目的と目標
⑧あるべき姿と現状
⑨コントロール可能と不可能
⑩緊急度と重要度：優先順位を考える

【ビジネスフレームワークで戦略や目標を明確にする】

①３Ｃ分析：自社・顧客・競合
②ＳＷＯＴ分析：内部環境／外部環境と好影響／悪影響の視点での強み・弱み・機会・脅威
③４Ｐ分析：商品・価格・販促・流通
④ビジネスモデルキャンパス：顧客セグメント・顧客との関係・チャネル・価値提案・

図37：細分化するフレームワーク（抜粋）

| 【細分化するフレームワーク】戦略や目標を明確にする | |
|---|---|
| 3C分析 | 自社・顧客・競合 |
| SWOT分析 | 内部環境／外部環境と好影響／悪影響の視点で強み・弱み・機会・脅威 |
| 4P分析 | 商品・価格・販促・流通 |
| ビジネスモデルキャンバス | 顧客セグメント・顧客との関係・チャネル・価値提案・主要活動・リソース・収益の流れ・コスト構造・キーパートナー |
| SMART | 具体的か・測定可能か・達成可能か・成果にもとづいているか・期限はいつか |
| KPI | 重要な最終目標を達成するための、定量化できる加減乗除関係（＋－×÷）の要素 |
| AIDMA | 顧客の認知・関心・欲求・記憶・購買 |
| PDCA | 計画・実行・評価・改善 |

主要活動・主なリソース・収益の流れ・コスト構造・キーパートナー

⑤ SMART：具体的か・測定可能か・達成可能か・成果にもとづいているか・期限はいつか

⑥ KPI：重要な最終目標を達成するための、定量化できる加減乗除関係（＋?×÷）の要素

⑦ AIDMA：（顧客の購買プロセス）：顧客の認知・関心・欲求・記憶・購買

⑧ PDCA：計画・実行・評価・改善

様々な細分化する切り口やフレームワークがありますので、目的に合わせて使い分けましょう。

## ⑶ 発表した内容の主語・動詞・目的語を明確にしていく方法

発表者の意見を聞いていると、主語・動詞・目的語が曖昧だと感じられる場合があります。頭の中では明確になっていても、それをアウトプットが上手くできない人もいるのです。曖昧にしたままだと、その意見が人に理解されにくくなるため、ファシリテーターは主語・動詞・目的語を発表者に確認していきます。例えば、主語が分からない場合は、「誰がするのですか？」、動詞が分からない場合は、「どうするのですか？」、目的語が分からない場合は、「何を実施しますか？」と確認します。そうすることで、発表者の主語・動詞・目的語が明確になり、人にも発表者の意見が理解されるようになります。

## ⑷ 話す構成を指定しておく方法

これは、聞き手側の理解を促すために行います。発表者である話し手が、考えている事を全て伝えようとして、話があちらこちらに散らばってしまい、聞き手が「まとまりのない内容で、結局何が言いたいのか分からない」となる事を防ぐために、話す構成を指定するのです。ＰＲＥＰ法やＳＤＳ法で発表してもらうと聞き手の理解度は上がります。

図 38：話す構成

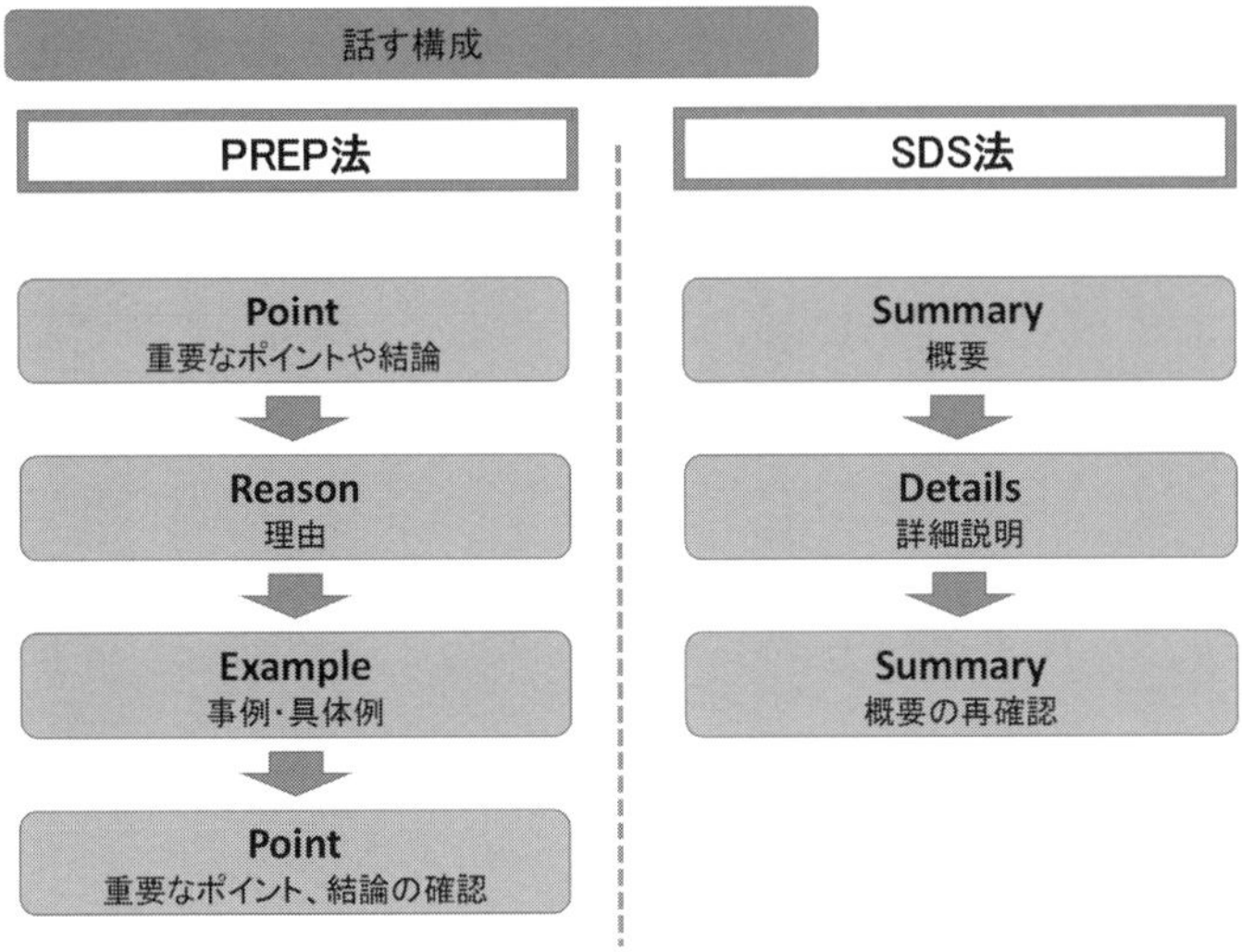


【PREP法】
①　Point：重要なポイントや結論
②　Reason：理由
③　Example：事例、具体例
④　Point：重要なポイントや結論の再確認

【SDS法】
①　Summary：概要
②　Details：詳細説明
③　Summary：概要の再確認

## リラックスする時間を取る

人が集中して考えられる時間は「15分」単位だと言われています。そのため、研修は15分単位で区切ってください。30分・45分・60分・最大でも90分です。

ファシリテーターをしていると60分を超えると受講者が1人、2人……と思考がストップし出したなと、感覚的に分かってきます。そのため、研修では60分、長くても90分ごとに休憩を入れるようにしています。

もちろん、会議やミーティングでも同じタイミングで休憩を入れた方がいいです。集中力が切れると、思考の質が低下してきます。そうすると、新しいアイデアや解決方法が考えられず、意見も出ないため討議による相乗効果が促進できません。

脳科学では、リラックスするとIRA（本能反射領域）と呼ばれる大脳辺縁系が快適さを感じて前頭葉を活性化し、創造力、想像力、判断力、決断力、更には意欲さえも高まるという調査結果が出ています。

思考力を高めるためには、リラックスと集中が必要なのです。そのため、休憩は適度に入れて受講者がリラックスして創造力や想像力を高める環境をつくります。

休憩の他にも、研修では受講者にリラックスしてもらうために、様々な工夫をしながら進めるようにします。グループで話し合う時に、時には仕事を忘れる「みんなが和むテーマ」を投げかけてみる事もあります。例えば、「前回の休日は何をしていましたか?」などと仕事を離れてリラックスした時を思い出してもらったりしています。もしくは、ダンスやラジオ体操や、ストレッチなどを行うこともあります。討議中にもリラックスできるように討議グループにお菓子やコーヒーなどを自由に食べてもらうように用意するのも有効です。私たちは、意図的に人の思考を高めるためのリラックスサイクルを作るようにしているのです。

そして、脳がリラックスすると「心地よさ」を感じて、その際に会話している相手を「心地よく、信頼できる人」と認識されるのです。ですから、ファシリテーターと受講者にも信頼関係が生まれやすくなります。

あなたの会社の会議やミーティングでも、参加者の創造力や想像力を高めて新しいアイデアを発表してもらうために、リラックスサイクルを作るようにしてみてはどうでしょうか。それによって社内の組織エンゲージメントも高まり、一体感が出てきますよ。

## 意見を尊重する

出てきた意見は全てファシリテーターとして、受容して尊重しましょう。多くの人たちから相

## 図 39：コンピテンシー

| | ファシリテーターのコンピテンシー | 定義 |
|---|---|---|
| 対人面 | ヒアリングスキル | 他者の発言に対し適切な傾聴姿勢を示し、発言内容や意図を的確に把握する能力 |
| | 対人感受性 | 相手のおかれた立場や感情に目を配り、自分の態度・言動が相手に与える影響を感じとる能力 |
| | 指導育成力 | 本人の特性を把握したうえで、適切な働きかけにより、部下や後輩の主体的な取り組みを引き出す能力 |
| | 組織活性化力 | 目標達成に向け、組織の一体感を高め、メンバーが主体的に活動する雰囲気を醸成する能力 |
| | 自己開示能力 | 自らの弱みを素直に認め、自らのおかれている状況を相手に開示し、相手からの支援を得る能力 |
| 総合面 | 自律一貫性 | 主体的に物事を捉え、他者に依存することなく、自己の価値基準にもとづいて行動する姿勢 |
| | 未来志向 | ビジョンをイメージして、未来はどうなるのか、どうあるべきかを具体的かつ楽観的に考えられる |
| | 柔軟性 | 環境や状況の変化に伴い、自らの考えや言動を適切に修正し、臨機応変に対応する姿勢 |
| | バイタリティ | 活力ある態度を示し、目標達成に向けての意欲を持続し、粘り強く物事をやりぬく姿勢 |
| | ストレス耐性 | 困難な状況・対立状況・緊張を強いられる状況においても、精神的な安定性を維持する性向 |
| | 革新性 | 従来の枠組みや既成概念にとらわれることなく、革新を志向し、新たな価値創造に向かう姿勢 |
| | 倫理観 | 高い志と倫理的価値観をもち、倫理的原則に従って行動する性向 |

互作用に繋がる意見を引き出すためにグランドルールなどを設けていても、時にはグランドルールを破り、非難し論破したがったり、自分の意見の正しさを強要する人もいます。そのままにしておくと、場の雰囲気が悪くなり意見が出てこなくなるのです。

その時、ファシリテーターは否定せずに、その意見さえも尊重していきます。ただし、その意見を尊重しつつも、ネガティブな発言をポジティブな意見にリフレーミングして視点を変換していくのです。

更に、グランドルールを再確認して柔らかに意識を修正してもらいます。例えば「ありがとうございます。○○さんの意見は視点を変えると○○（ポジティブな視点に変換）ですね。もしかすると、グランドルールの〇番の項目から外れたと感じる方もいるかもしれませんので、再度ルールを確認しますね」とファシリテーターが伝えるのです。場の雰囲気も立て直せます。だからこそ、グランドルールやガイドラインは会場に張り出しておくのを勧めます。

実は、論破や非難する人、意見を強要する人は、自分がグランドルールを破って意見を言っていると思っていないことが多いのです。率直に感じた事を言っているのです。そのため、グランドルールを何度も確認してもらいます。ただし、何度確認しても改善しない場合は、少しだけユーモアを持ってレッドカードであると伝えます。「グランドルールでのレッドカードが出そうな意見ですね」と伝えて、場の雰囲気を壊さずに進めていきます。

忘れてはならない事は、ファシリテーターに求められる言動は、全員を尊重し貢献する、前向きなマインドです。

## 意見をまとめて方向付けする

受講者から意見や多くのアイデアを引き出すのには、これまで説明してきたような相手の視点を広げたり、相手の思考の制限を外して思考を拡散します。

逆に、最終的に問題解決の結論をまとめる場合などは、出てきた意見を収束していきます。論理的に様々な意見を集約するためには、ロジカルシンキングの考え方で方向づけていきます。ここでは主に帰納法や演繹法を使います。

複数の意見から出てきた事実から、共通点や類似性を見つけて、結果として言える事が何かを確認していく方法を帰納法と言います。

そして、仮説から意見として出てきた事実を集めて検証し結果として言える事は何かを確認していく方法を演繹法と言います。

どちらも、一般論や価値観やルールという一般的常識を前提としているので、何を一般常識とするかをファシリテーターが前提づけて、結論出しを促進していきます。

## 共創・連携を促す

私たちはトップコンサルタントから連携が大事だと常に言われていました。ファシリテーターとしても同じく、連携を促す事が非常に大事だと実感しています。まさに共創・連携を促す事で「人と人との相互作用が促進され、人と人との間でイノベーション」が起こるからです。

研修では、1人ひとりに考えてもらう以外にも、受講者2人で考えてもらったり、グループで考えてもらったりします。または、分かる人から分からない人に教えたり伝えたりしてもらう事も促します。更には、受講者同士での信頼関係を深めてもらうためにも、受講者同士で褒め合ったり、労ったり、受講者同士で更に理解する時間を取ったりします。

ファシリテーターはあくまでも中立の立場で、人の意見を引き出すのですが、人と人との信頼関係を強めて連携を促す事も役目です。

討議などでは、討議している人同士が理解し合い、信頼できるように促していく事で新たなアイデアが出てきて職場のイノベーションにも繋がりやすくなります。

以下に、ファシリテーション型研修での連携を促す取り組みを載せておきます。

【受講者の連携を強める方法】

① 隣の人と2人1組になり一緒に考えてもらう
② チーム名を決めてもらい、ニックネームでメンバー同士呼び合ってもらう
③ 「理解できている人」に手を上げてもらい、「理解できていない人」に説明してもらう
④ 意見発表後に全員が拍手する
⑤ 受講者同士で褒めるワークを入れる
⑥ 2人1組でお互いの意見を交換してもらい、その後、組んだ相手の意見を全体に発表してもらう

### ⑦　職種・専門性・部署・業界が異なる人たちのブレインストーミングをする

### ⑧　受講者同士で感謝カードを渡す

以上のような方法を使いながら、受講者同士の共創・連携を促していきます。しかし、気を付けて欲しいのは、⑦のようなブレインストーミングは社会心理学では「他人への気兼ね」や「集団で話す時は思考が止まりがち」だと言われている点です。社内であると、人は自分の意見が人事評価にも関係してしまうのではないかと疑い、意見は出なくなる可能性が高いのです。

ブレインストーミングは共創・連携に活用できる有効な方法です。そのため、デザイン思考を世界に広めたシリコンバレーのデザイン会社ＩＤＥＯでは、共創・連携できる組織づくりのためにブレインストーミングを有効活用して、共創できるメンバーの関係性で実施しています。例えば、「この商品や知識は誰に聞いた方が良いか」とテーマを明確にしておき、専門性が違う多様な人々が直接ブレストするような機会を作っています。また、アイデアが出ない事を恐れないで、ブレストの効果は、アイデアを出し合えるリラックスした関係性づくりさえも作り出すという風土にしており、何度も継続的に行っていく事で共創・連携に繋がるそうです。

ブレインストーミングは、心理的負担を感じない自由なメンバーでの自由な意見交換の雰囲気を作り出すのがポイントです。

## 復習と再確認をする

研修では、様々な意見が出てくるので、最後に研修で出てきた意見をまとめて、明日からどうやって全員が動いていくのかを伝えていきます。

人は記憶した事も時間が経過するにつれて、徐々に忘れていきます。ドイツの心理学者エビングハウスが発見した「エビングハウスの忘却曲線」では、人が情報を覚えても1時間後には56%、9時間後には64%と忘れていくという調査結果が出ています。そのため、忘れないように復習が必要となるのです。復習する事で情報が記憶に定着します。

つまり、研修も同じ事が言えます。研修で出た内容で覚えなければいけない情報を研修最後に復習の意味で確認していくのです。

確認方法は、受講者1人ひとりに紙に書いてもらいます。書いてもらう切り口は、5W1Hです。つまり、「なぜ実行するのか」「どのようにするか」「何を」「誰が」「いつから」「どこで」の切り口で1人ひとりに再認識してもらうために書き出してもらうのです。また、プロジェクトなどグループで同じ動きをするのであればメンバーが一緒に書き出してもらうのも良いです。

会議やミーティングでも同じように、決めた事を実行に移すためには、復習や再確認ができるようにしておく事が有効です。例えば、会議で決めた事を会議の最後に用紙に書き、その用紙を全員が実行する際中に目に留まる場所に張り出して、常に意識できるようにしておくなどです。そして、その内容を毎日メンバーで音読してみてはいかがでしょうか。

決めた事を常に振り返れるようにしておく事で、組織全員が常に意識して意欲を持って行動に移せるようになるのです。

# 第6章

# 見える化するスキルを使った先にあるもの

## スキルは愚直に実践する

これまで「相手に最短で伝わる方法を徹底して探る」、「インパクトを持って関係者を巻き込む」、「相手から信頼されるファシリテーション」の3つのスキルを身に付ける方法について説明しました。難しい事ではないと感じていただけたでしょうか。重要なのは、1つひとつの方法において、何のために行っているのかという目的を明確にして、日々の業務の中に落とし込み、継続して実践していく事に尽きます。

そして、クライアントとの貴重な時間を有効に活用できるように、とても入念な準備をすることが重要です。日々、3つのスキルを使いながら情報を収集したり、分析したり、仮説を立てたりして、クライアントと共有できるように見える化するための準備をしましょう。

しかし、準備をしても、間違っていたり、失敗してしまう事もあります。その際は、マインドを再確認します。3つのマインドである「貢献する意識」、「フィードバックを受け入れる意識」、「スキルを継続的に改善しようとする意識」は、気持ちが下がりそうな状況になった時に、自身のモチベーションを保つため1種のマイルストーンにもなるのです。日々、3つのスキル向上に挑戦し、失敗すると3つのマインドを再確認して、また実践していく、それを繰り返してください。

では、実際にクライアント先で、スキルを発揮して、どのようなコンサルティングをしてきたのか1つの事例をご紹介します。

## スキルを使った事例

クライアント先は、従業員数が約2000人の規模である会社で、私たちが行ったのがM&A後の組織変革コンサルティングでした。M&A後1年が経過していましたが、経営や業務や風土の違いによる混乱が組織の中に存在していました。経営上の重大なミスも発覚し、業績も悪化して、優秀な社員も離職するなど大変な混乱状況でした。即急に、経営方針を固めて、体制やシステムなどを整備し、社員の意識を変えていく必要性がある状態で、私たちは関わらせていただいたのです。

すぐに、私たちコンサルタントは3名のチームを組み、クライアントのDMU・CFTとの打ち合わせを進めていきました。その時点では、DMU・CFTは8名で構成されていましたが、そのDMU・CFT内でも意見は揃っていませんでした。クライアント会社内でのインタビューもすぐに取り掛かり、表面化されている課題と、潜在的な課題を探していったのです。

調査すると、M&A後のため、もともとの組織間での軋轢もあり、社内でのコミュニケーションは薄く、決定事項を伝達しても行動はバラバラでした。目標管理も徹底されず、会議をしても意思疎通ができない事が多く、オペレーションさえ統一されていませんでした。課題は山積みだったのです。

そこで、私たちのチームは、毎日ミーティングを実施して、クライアントにとって最も効果的なコンサルティング方法が何であるのかを考えていきました。その結果、まずは3ヶ月で組織を変革する事を決断しました。そして、この期間中の目標は、売上を3倍に増やす事と設定したのです。また、組織全体を一気に変える方法を取らずに、1つの事業部を変革し、その後次の事業部の変革に移っていくようにしました。

この事例でも重要視した、組織に変革を起こす際のポイントですが、課題が山積していて何から手を付ければいいのか分からない場合は、まずは、小さな単位で変化していく事がポイントです。まずは、やりやすい単位で、変革の成功事例を作る事なのです。そうすると、他の単位も変化を受け入れて変革し、全体に広がっていくのです。

私たちは、約300人の事業部で研修による教育を設計していきました。研修する目的は4つでした。1つ目は、目標管理を徹底するマネジメント教育。2つ目は、意思疎通できるように、共通の定義による共通言語を持つこと。3つ目は、オペレーションを統一する。4つ目は、コミュニケーションを増やし意思疎通できる風土にすること。

研修は、3タイプを設計しました。1つ目は、座学による2週間の研修です。人の意識と行動をどのように変える必要性があるのかを伝える内容を設計しました。2つ目も2週間の建付けで、課題解決を目的としてファシリテーション型研修です。意識と行動を変える試みをしてみて、何に困難を感じたのかを研修で洗い出し、解決策を全員で考えるという内容でした。3つ目も2週間の建付けで、個々人が働く再定義と未来思考ファシリテーション型研修でした。協働する組織の中で、共に自身が能動的に動けるように個々人が働く意義を考える内容です。

研修の他に、DMU・CFTと共に体制やシステムを変えていくために毎週1~6回の会議も設定しました。

実施しだすと、はじめは変化に期待する人も数名いましたが、変革の取組にやる気の無い方々が多く見受けられました。実は、この会社ではM&A直後に社内で事業支援チームが立ち上げられており、事業部への支援が行われていたそうです。また、他のコンサルティング会社も入っていたそうですが、全く変化が無かったそうです。

その状況で、私たちは3つのスキルを使い、研修とコンサルティングを実施していきました。すぐに、目標管理や決定事項など、全ての事を全員が共通して確認できるように見える化に手を付けました。やがて、事業部内の人々が、共通する定義でコミュニケーションを取るようになりました。これまで、同じフロアで仕事をしていたにもかかわらず、話したことも無い人達が、話し出すようにもなりました。

目標期間よりも早く2ヶ月目で、売上は3倍に達成しました。更に凄い事に、1年後には売上が300億増加したのです。

マッキンゼーの方々からは、3ヶ月間で研修とコンサルティングの実践を同時に行い、組織を変革していくのは世界でも画期的なコンサルティング事例だとも言っていただけました。

3つのスキルを使いだすと、組織も変わり、人も変わる、そして、結果も変わるのです。

是非、あなたもこのスキルを使いこなして、活躍していただきたいと思います。

# おわりに

最後まで読んでいただきありがとうございます。
この本が、読者の皆様の飛躍的な成長に、少しでも役立つ事ができれば光栄です。

私のはじめての執筆となったこの本ですが、執筆中は私自身も自分の成長を感じながら執筆していく体験ができました。今まで私は、面識がある方に説明する事は多かったですが、お会いした事がない読者の方々に文章で説明する事ははじめての事ですので、どうすればいいのか最初は少し戸惑いを感じていたのです。

そこで、執筆活動をする前に、お会いする方々から読んで役立った本を聞いては、その本を読んでみました。勧められた本に共通するのは、目の前にいる人へ語りかけているような文章だった事です。

本を書くという事も、人との対話そのものだと発見できた瞬間でした。ある作家の方が「はじめて本を執筆すると、世界が変わる」と言っていましたが、まさに、会った事がない人との対話と交流が、執筆を通して経験する事ができて、想像力の成長に繋がったのです。人は何かに挑戦して、新しいものを発見し成長していくものだと改めて感じました。

この本の内容は、読者の皆様の仕事の場だけに限定されず、人と人との交流にも応用できるものですので、すぐにでも本の内容を行動に移していただきたいと切に願います。ただし、本の中のスキルは、マインドも持ち合わせていないと活かせないスキルだという事は、今一度忘れないでいただきたいのです。第1章で説明したマインドと合わせて覚えていてほしいのが、「表面的なスキルだけで、一方的に人を変える事はできない。自分の真のマインドを変えて行動も変える事で、周りへの影響力が発揮され、周りの人が自発的に変わっていく」という事です。

そして、読者の皆様の成長と発展に、この本以外でもお役立ちできればと読書会や説明会を用意しております。「自社の組織開発を実際に相談してみたい」「このスキルの実践的な体験会を受けてみたい」「このスキルを自社の組織づくりに活かす方法を知りたい」と思っていただけましたら、是非こちらにお問い合わせください。

https://peraichi.com/landing_pages/view/eizokukeiei2020

最後に、この本を出すチャンスをくれた同友館の出版部次長である佐藤文彦さんに、この場を借りて深い感謝を捧げます。世の中で求められている本は何かを考えて、共に本を世に送り出そうという姿勢でいてくれたからこそ、執筆ができたと感じています。

また、執筆に関して様々なノウハウを教えてくれた先輩作家であるメンターの方々、この本で書いたコンサルティングを共にやってきたプロジェクトメンバーの戦友たち、執筆中に励ましや温かい言葉をくれた友人たち、本を世に広めてくれるといってくれた友人たち、温かく見守ってくれた夫や家族にも本当に助けられました。

そして、この本を読んでくれた読者の皆様に向けて。

心から、ありがとうございました。

２０１９年11月

白井　久子

【参考文献】

●リチャード・セイラー、キャス・サンスティーン著『実践　行動経済学』日経ＢＰ（２００９年）
●堀　公俊著『組織変革ファシリテーターファシリテーション能力』東洋経済新報社（２００６年）
●ロバート・Ｂ・チャルディーニ著『影響力の武器　第3版　なぜ、人は動かされるのか』誠信書房（２０１４年）
●University of chicago Booth School of Business［you can handle the truth Mispredicting the Consequences of Honest Communication］（２０１７年）
●西田　文郎著『大きく稼ぐ経営者になる脳のアップグレード術』現代書林（２０１８年）
●入山　章栄著『ビジネススクールでは学べない　世界最先端の経営学』日経BP（２０１５年）
●ロバート・キーガン、リサ・ラスコウ・レイヒー著『なぜ人と組織は変われないのか―ハーバード流　自己変革の理論と実践』英治出版（２０１３年）
●クリストファー・ボグラー著『神話の法則　夢を語る技術』ストーリーアーツ&サイエンス研究所（２０１０年）

※　記載しているアプリ（Dropbox, Excel, PowerPoint, Word）・文具（ヌーボード、ぺんてるホワイトボードマーカー）の製造・販売会社と提携関係またはスポンサー関係を締結していません。

## 【著者紹介】

**白井《しらい》　久子《ひさこ》**

永続経営研究所株式会社　代表取締役

１９７５年　長崎市生まれ　経営コンサルタント（専門：組織変革、事業承継Ｍ＆Ａ・ＰＭＩ）、グロービス経営大学院経営学修士／経営学専門ＭＢＡ、米国ＮＬＰ協会認定マスタープラクティショナー、経営者の軍師認定コンサルタント、国家資格キャリアコンサルタント、

大学工学部卒業後大手人材派遣会社に入社。１１３名のマネジメントを任さる。その後、大学院で経営学を研究中に人事コンサルティング会社を起業。

官公庁、大学、大手金融機関など約１０１３０名以上、３１８組織のコンサルティングに関わる。対話重視のアプローチにより経営層が変わり組織も激変し、社員が才能を発揮する事で顧客の売上を昨対比最高７．４倍に上げ、退職率80％減の結果に繋げた実績を持つ。「ＭＢＡ式経営学」×「老舗企業の道徳的経営学」×25年間研究した「心理学」を活用した３つの手法を使い組織開発では、協力して真の生産性・成果を出す組織変革に繋げる事が最も強み。１００年永続する７つの経営ノウハウを考案しコンサルティングで活用。

（ホームページ）https://www.eizokukeiei.info/

2020年 4 月15日　第 1 刷発行

マッキンゼーが教えてくれた
コンサルティングを「見える化」する技術


発行者　脇　坂　康　弘

〒113-0033 東京都文京区本郷 3-38-1
発行所　株式会社 同友館
TEL.03(3813)3966
FAX.03(3818)2774
URL　https://www.doyukan.co.jp/


三美印刷／松村製本所
ISBN 978-4-496-05475-4
Printed in Japan